서툰 연서는 댓글이 달리지 않고

빛남시선 162

서툰 연서는 댓글이 달리지 않고

고
석
근

시
집

빛남출판사

• 시인의 말

무거운 마음 잠시 내려놓고

길 떠나보는 것

이제야

나의 두 눈에 터를 잡습니다.

2025년 초여름

금정산 병풍바위와 마주하는 서재에서

시인의 말 • 5

1부

서곡序曲 • 13
기다림 너머 • 14
은근한 사랑 • 15
산, 너는 알고 있다 • 16
여유 1 • 18
여유 2 • 19
차이 • 20
착각 • 21
밤의 몫 • 22
비단거미 3 • 23
두 손 모으다 • 24
그늘 • 26
사랑은 힘이 세다 • 28
가을의 전설 • 30
오월은 다시 온다 • 31
세월을 갈다 • 32

2부

새해 아침 • 35
부전시장 네 친구 • 36
이어 가기 • 39
소리로 보는 야구 • 40
부산 갈맷길 걷다 • 42
지금에 와서 보니 • 44
차밭골 이야기 • 46
세월을 줍는 할배 • 48
산중 칠우山中七友 • 49
이웃 • 54
달고나 추억 • 56
담쟁이 나이테 1 • 58
담쟁이 나이테 2 • 59
담쟁이 나이테 3 • 60
담쟁이 나이테 4 • 61
솜옷 입히다 • 62

3부

덕석바위 전설 • 65
개좌고개 충견 • 66
동래 온천 • 68
화지산 정묘鄭墓 • 70
사직벌 이바구 • 72
성지곡수원지는 • 75
낙서 문화 2 • 76
금샘 • 78
찬물샘에 물이 없다 • 80
청사포 • 82
엄지척 • 84
제주 돌담 • 85
몰운대 다시 찾다 • 86
한라산 • 88

4부

어느새 • 91

신현순 여사 • 92

경상도 사투리 1 • 94

경상도 사투리 2 • 96

한발 앞서가기 • 98

옛날 구장 선거 • 100

청력 • 102

손길 • 103

정영태 • 104

최동원 2 • 106

기억하기 싫은 기억 • 108

덫에 걸린 적 있다 • 110

실수이지만 • 112

닮았으면 • 114

해설_인생의 순간들, 연결된 시간 속 이야기 • 117

문선영 (문학평론가·시인·동아대 교수)

1부

서곡序曲

텃밭의 매화 꽃망울 한 짐 짊어지고 있다

스티로폼 박스 속 대파 뾰조롬히 얼굴 내민다

보도블록 틈새 잡초 실눈으로 하늘 본다

거실 화분이 하품 늘어지게 한다

화단의 목련 사춘기 소녀다

귓전을 스치는 바람 풀이 죽었다

산사의 목탁 소리 졸음이 묻어난다

남녘에서 온 길손 갈 길 멀다 한다

기다림 너머

가을 어느 날
이웃이 건네준 호접란
눈길 주기를 연인처럼
한 줄기 꽃대에 꽃망울 열둘

설날 아침
첫 꽃을 해산한 호접란
식구들
길운이라며 법석 떤다

이틀, 사흘,
길게는 한 달 터울로
꽃망울 터뜨리니
행복 전도사 따로 없다

개화는 밑동에서 치올라 가는데
형 아우 따지지 않는 낙화
자연의 진리
여기에도 자란다

은근한 사랑

좁쌀보다 작은 돌기
두어 뼘 키의 외뿔 꽃대
꽃망울 열둘은 본전
덤으로 쌍둥이 품었다

어느덧
초롱초롱한 꽃망울
입 앙다물고
바깥 기웃거린다

통통 부어 있는
첫째 꽃망울
언제쯤 눈을 뜰까

손가락 건 약속보다
더 단단한 마음자리
해가 바뀌어도
엇박자 놓지 않을
호접란

산, 너는 알고 있다

어느 날
쇠미산 등산길
귀 쫑긋한 조그만 검정개 만났다

산속 이리저리 돌아다니다가
등산로 초입에 흰옷 입은 승용차 오면
부리나케 달려가 차 안 살핀다

그럭저럭 두어 달
유기견으로 입소문 돌자
인심 푸짐한 어느 등산객
금용암 아래 거처 만들어
이름을 금용이라 짓고 목줄 채우니
제법 반려견 티가 난다

땟거리 챙기며 아픔 쓰다듬는
마음들이 보태지니
윤기 흐르는 털, 달라진 눈빛

여생을
불제자로 살리라 다짐했는지
금용암 나들이 잦다

버리는 마음
버려진 마음
입 다문 산
속내 알 수 없지만
어쩌다 마주한 마음
그리 헐겁지 않다

여유 1

시골집

감나무

끄
트
머
리

까치밥

여유 2

등산로
나뭇가지에 걸려 있는
우산

노인네 무르팍 욱신거리면
비가 올 낌새라는
고전적 일기 예보
강수, 바람, 온도 곁들여서
날씨 귀띔하는 티브이
현대적 일기 예보

맑은 하늘
먹구름 끼니
광기 부리는 비

와락 눈에 들어오는
나뭇가지에 걸린
마음의 점 하나

차이

매미,
귀 따갑게 한 죄
땅 밑에서 곁눈질하지 않고
마음 가다듬으니
허물 벗는다

사람,
어쩌다 저지른 죄
빨간 줄 그이면
지우개 없어
허물 벗지 못한다

생명체,
발버둥쳐도
오직 외길
눈금 하나 차이다

착각

아파트 화단

떼 지어 있는

영산홍

땡볕을 견디고

장대비에 젖고

바람에 시달리며

제철에 꽃피워

존재감 드러낸다

밤의 못

밤잠 못 이뤄 창밖 너머로 돌리는 눈길

쪽지 한 장 남기지 않는 그믐달

무죄인 침묵

북두칠성 별자리

가슴츠레 눈 내리깔고 있는 가로등

충혈된 눈으로 등대지기 하는 주택 불빛

낯익은 신도 기다리다 잠든 교회 네온사인

외눈 켜고 바쁜 걸음하는 오토바이

밀려드는 졸음 내쫓는 24시 편의점

그래도, 살아 있는 야밤의 숨결

비단거미 3

한낮의 태양, 밤하늘의 별
일상이 되었다
얽매이지 않으려고
길섶 난쟁이나무 사이에 새 둥지 틀었다

풍광이 뛰어난 명당자리라고
마음 다독이며 여러 날 밤 새웠지만
마른 검불만 그네를 뛴다
어쩌다 먹잇감 그물에 걸리면
잰걸음으로 달려와
덜 여문 손끝으로 밥상 차린다

지독히 뜨거웠던 여름
줄타기는 물려받은 밥벌이
가끔
거센 바람이 둥지 마구 흔들어도
머릿속에 얼비치는 짝을 만나
비단 몸매 혈통 이어가려고
하늘에 엮어 놓은 한 가닥 줄에
희망을 건다

두 손 모으다

하동 조그마한 마을
빈농의 다섯 남매 맏이 진 총각
괴나리봇짐 하나 들고
부산 땅에 뿌리내렸다

세끼 밥 굶지 않으려고
이것저것 허드렛일 했지만
딸린 식구 앞날 건사가 걱정
궁리 끝에 사진관 차려 사장 노릇했다

녹록지 않은 세상사
절간이 마음 고향
아들딸 곱게 자라 어엿한 사회인
아내와 해로할 새로운 보금자리
이게 다 부처님 가피라는 진 사장
금용암 들머리 돌탑 보시 몇 해
그 끝은 어림잡을 수 없다

도토리 키 재기 하는
열다섯 개 돌탑
큰 돌 위에 작은 돌 꼭대기는 뾰족한 돌
어깨 짓누르지만
불평하지 않는다

오가는 등산객
이심전심으로 통하는 불심

금용암 돌탑 앞에
두 손 모은다

그늘

명품 옷들이
눈 휘둥그레 뜨고 있는
아파트 붙박이장 횃대
안주인 눈길 들락거린다

여심 자극하는 백화점 쇼윈도
덧칠하는 점원의 말재주에
동공이 커진다

눈언저리 잔주름 느는데
입속까지 잠수 탄 욕망
내뱉지 못하고 우물거린다

예전 어머니 길쌈은
기억 저편으로 잊혀 가고
발길 멈추지 않는 문명
손바닥 안에서 셈을 치른다

만족하지 못하는 욕망의 조각들

욕망을 욕망하니
횃대 허리 통증은
누그러질 낌새 보이지 않는다

사랑은 힘이 세다

몸집이 큰 배의 벽에 매달려
망치질하는 아지매
돌돌 말은 휴지로 귀 틀어막고
공포는 바닷물에 가둬 두었다

온몸은 부서져 내리지만
자식 번듯하게 키워
가난을 대물림하지 않으려는 굳은 심지
절대로 버릴 수 없는 꿈이다

자신의 눈물로
진주 만드는 조개를 닮은 어머니의 존재
저세상에서도
딴 마음 먹는 일 없을 것이다

섬 아닌 섬 영도
오늘도 쾅쾅
뱃전 철판 두드리는 아지매

꿈은 날로 단단해지고
손바닥 굳은살은 두께를 더한다

가을의 전설

유년의 시골집
마당과 뒤란
마당감, 단성감, 먹감나무
주전부리 일등공신이다

받기만 하는 인심에 삐쳤는지
자식 농사 게으름 피우더니
감나무 하나 둘 불귀의 길을 떠났다

도회 골목집 대문간
가을 해 설핏한데
자식 주렁주렁 달고서
꿈쩍 않고 서 있는 감나무
손길 기다리는 눈빛이다

다달이 드나드는 이발소 길에
맞닥뜨리는 이 감나무
아스라한
내 유년의 바다로 이끈다

오월은 다시 온다

오월 논둑길 걸어 보았는가
폭발하듯 터진 울음
저 소리 들어 보았는가
들리는가
울음에 매달린 저 높은 함성
울음 그치지 않는 울음
듣고 자라는 생명의 양식

울 아버지
옛날옛적 지게에 매달리던
논두렁길
들판 가득 피어오르는 아지랑이 타는
오월에 앉아
허기진 가슴에 눌러 붙은 보리피리
빈 지게만 남기신 일흔 생애
오월은 다시 온다

세월을 갈다

버들강아지 눈 틔우면
낫을 갈기 시작한다
새로 돋아난 풀 베어
왕눈이 황소 입맛 돌게 하고
땡볕과 한 몸 되어
늦둥이까지 달고 있는 곡식 거둔다
시골 마당 수채 옆에서
붙박이로 자리 지키며
녹슬고 무딘 날 세운다고
제 몸 닳는 줄 모른다
고목이 된 탱자나무
가을 한철 티를 내는데
시퍼렇게 살아날까
더께 낀 마음도 썩썩 갈면

2부

새해 아침

□······.

□ □···.

□ □ □·······

□ □ □ □····

부전시장 네 친구

출퇴근 수레바퀴
나라에서 그은 선 넘지 못하고
부전시장에 다리품 팔았다

건어물전 터줏대감
태평양상회 여사장
시골 정서 몸에 배어
우리 집사람을 엉가라 부르며
입 다시라고 맛보기 챙겨주는 마음씨
그냥 지나칠 수 없는 단골집이다
시끌벅적 산 세월 벌써 황혼 나이
가슴에 쌓인 묵은 찌꺼기
훑어 내리기는 나들이가 제격이라며
가끔
비행기에 몸 싣는 여사장이다

유년의 그리움 지울 수 없어
고향 진주 이름 딴

진주상회
가게 진열대에 얼굴 내밀고 있는
고구마, 감자
군침이 돋는다
손끝 야물다고 소문난 여사장
시장번영회 임원도 여러 해
홀로 고향집 지키는 친정아버지
효심은 심청을 닮았다

시장 중심가 사거리 모퉁이
갈치 오징어 언제나 제철인 한바다수산상회
할매 사장
두른 앞치마 바다 냄새 물씬 난다
까다로운 손님 비싸다고 군소리하면
며칠 전에 이 금에 사갔다며
꼭 집어 주는 눈썰미
나와 동갑내기라 마음 더 쓰이고
소금꽃 핀 머리카락에 세월이 묻어난다

전라도 남원골 처녀로 경상도 총각과 부부된 사랑꾼
진주상회 큰며느리 김 여사
시부모 그늘에서
말린 생선 장사 공부 수년
제법 마님 티가 난다
이제 비린내가 단내 되어버린 코
날이 새기 바쁘게 가게 문 열어
진열대에 물건 그득 채우고
이제나저제나 단골손님 기다려
황새목이 된다

강산이 세 번 바뀌는 동안
긴장 속에서 지낸 나날
훨훨 털고 나온 바깥세상
그저 정 나누는 부전시장 친구 있어
인생 2막
허전하지 않다

이어 가기

알까기한 새끼에게
뱃속 것 토해 먹이는 어미 벨벳거미
땟거리 떨어지면
망설임 없이 몸까지 내어준다

아내가 낳은 알
입속에 머금어 부화시키는 남편 줄도화돔
껍데기 깨고 나온 치어 둥지 떠나가니
허기에 몸져눕는다

알은 건너뛰고
새끼를 낳는 살모사
자궁 탈출은 홀로서기
부리나케 제 갈 길 가는 자식
살모殺母는 그저 뜬소문이다

놀멍 쉬멍*은 그림의 떡
남은 것은 껍질뿐이다

나름의 세상살이

＊놀멍 쉬멍: 놀면서 쉬면서(제주도 말)

소리로 보는 야구

두 귀 쫑긋 세우면
용한 점쟁이보다 더 용하다

와—
첫 타자 1루를 밟았다
와, 와—
다음, 그 다음 타자 연거푸 나갔다
와, 와, 와—
마수걸이 한 점 뽑았다
와아, 와아, 와아, 와아—
공이 담장을 넘으니 사람 물결 굼실거린다
와아아, 와아아, 와아아, 와아아—
9회 말 끝내기 한 방에 쌍곡선이 교차한다
우, 우—
껄끄러운 삼진 아웃
타자들의 침묵
우와—
볼넷 출루는 공짜라 더 맛이 있다

ㅇㅇㅇ —
무사 말루도 빈손이다

사직야구장 등지고 있어도
당나귀 귀 되면
용한 점쟁이보다 더 용하다

부산 갈맷길 걷다

부산 갈맷길
7코스 1구간
어린이대공원에서 동문까지다

언제나 사람 냄새 풀풀 나는 공원 입구
편백, 삼나무 어우러진 들머리 녹담길
성지곡수원지 잉어 떼 얼굴
물 위에 어른거린다

삼림욕장 지나 만덕고개
사람도 바람도 숨이 차고
백양산 벗어나 쇠미산 습지
개구리 얼굴 내밀면
버들강아지 눈 배시시
봄 전령사다

금강공원 오르는 길에
곁눈질하니

허리 곧추세우고 서 있는
아파트 떼거리
눈 휘둥그레진다

금정산성 남문 지나
동쪽 고갯마루 지키는
동문과 눈 마주하며
가쁜 숨 돌리니
산성막걸리 입맛 당기어
됐나,
됐다,
한 사발 두 사발
하늘 위를 걷는다

눈 뜨면 빤히 보이는 산
내 유년의 추억
새김질하게 하는
갈맷길이다

지금에 와서 보니

구덕운동장 귀퉁이를 돌아
꽃마을 길 중간 지점
슬레이트 지붕 이고 몸 웅크린
돼지국밥집

시장기 돌면
그리워지는 뜨끈한 따로국밥
코딱지만 한 두 칸 방
비좁은 자리로 눈치 살피기 일쑤

부모 끈 떨어져
이 국밥집에 얹혀사는 성 씨 자매
야윈 체구의 언니
코끝에 걸친 두꺼운 안경 고달픔이 묻어나고
식사 배달꾼 동생
나풀거리는 단발머리에 꽃띠 꿈 서려 있고

마흔 해 만에 맞닥뜨린 과거

비단길로 변신한 꽃마을 길
오가는 사람 시선 붙잡는 벽화 조형물
유럽풍 얼굴로 둔갑하여
60년 전통이라며 목청 돋우는 돼지국밥집
고릿적 흔적은 세월이 삼켜버려

그 옛날의 주인장과 성 씨 자매
밑도 끝도 없는 소문만 짜한데
그리움 꾸러미는
주머니 속에서 꿈틀거린다

차밭골 이야기

0.
작설나무 번창한 동래 차밭골
이야깃거리 입에 오르내린다

1.
추운 겨울 땔감 구할 수 없어
차밭골 작설나무 땔감으로 쓰려 하자
성내城內 농사꾼 산저마을 노인
자기집 행랑채 헐어 땔감으로 내놓았다

이듬해 봄 농사철
행랑채 없어 머슴 들이지 못할 때
청년 하나 나타나 머슴살이 자청하고
찬샘 가까운 곳에 못자리 마련하니
가뭄 걱정 없이 모내기 마쳤다

유행병 돌자
작설나무 잎으로 머슴이 제조한 차약
찬샘 물에 타서 먹으니
마을 유행병 잡았다

풍년 들어
행랑채 새로 짓고 머슴에게 새경 주려 하니
차밭골 작설나무 목신木神으로 목숨 이어준 은혜 갚
았다며
홀연히 사라졌다

2
가끔
온천장 산저집 오돌뼈 구이로 허기 달래고
장전동 전통찻집 차밭골에 들러
작설차로 입가심한다

차밭골 숲길 시화전
한여름 뙤약볕 아랑곳 않고
허리 곧추세운 시화
몸내에서 작설차 향 느껴 본다

네온 불빛 범벅된 온천장 거리
흔적 사그라지지 않게 새로 달아준 이름
차밭골로,
가뭄 타지 않고 찻물 내내 끓는다

세월을 줍는 할배

허리 구부러져
땅을 집어먹는 할배

늘그막에 삶터가 된 골목길
잡동사니에 시선 모으며
땅을 집어먹는 할배

세월의 무게를 온몸으로 짊어지고
만삭이 된 수레 끌고
비탈길 오르는 할배

사람들의 몸내와 생각이 뒤엉켜 있는 골목
바람처럼 들락거리며
오늘도
땅을 집어먹는 할배

여윈 다리에
핏줄이 퍼렇게 돋은 할배

세상을 겸손하게 사는
땅을 집어먹는 할배

산중 칠우 山中七友

가파른 등산길
지팡막대 소리가 숨을 멈추면
나비야, 나비야,
사랑의 멜로디가 숲속에 울려 퍼진다
각인된 목소리
여기저기서 꼬리 치켜세우고 달려온다
등에 짊어진 만삭의 가방은
허기진 배를 달래 줄 나비들 땟거리다
발 하나 잃어버려 지팡막대가 몸의 일부
버스 두 번 갈아타고 오는 마음자리
고양이 대모 윤 할머니다

얼굴 어디에도
어두운 그림자 한 점 없다
몸매가 물 찬 제비를 닮은 젊은 시절
철가방 들고 골목을 누볐다
느닷없는 뇌졸중
한쪽 팔다리는 감각이 둔하지만

등산이 낙이라며
붉은 빛깔 입술연지 바르고
입꼬리 올리며 웃음 짓는 김 할머니다

조선업 활화산일 때
꽤나 돈벌이를 한 손 사장
세월의 무게에 순응한다며
아들에게 바통 넘기고 자유의 몸이 되었단다
청춘은 퇴색해도 우정은 보듬고 싶어
다달이 친구들 입을 즐겁게 하는 것
일상이 된 지 오래란다
지갑을 여는 노신사의 가치 있는 삶
등산길에 처음 대하는 얼굴인데도
문학 상금 보시를 마다하지 아니하는
구들방 아랫목처럼 따뜻한 사람
산길에서
눈도장 찍지 않은 날은
마음 허전하다

큰 키에 등이 굽은 할배
제법 멋을 부릴 줄 아는 할매
언제나 실과 바늘이다
둥지 떠난 아들딸
살붙이 달고 와서 초인종 누르면
만난다는 설렘에 가슴 뛴단다
눈으로 보약을 먹고
등산으로 세월 삭이니
하루하루가 봄날 같다는 노부부다

건강 제일주의를 부르짖는 서 여사
아침에 일어나면 아령으로 근육을 단련하고
조반으로 속이 든든해지면 등산길에 오른다
손때 묻은 운동 기구와 잠시 씨름하다가
언제나 다니던 산길을 활기차게 걷는다
세끼 밥만 축내겠다고
위장胃腸과 손가락 걸었다며

주전부리는 남의 집 이야기란다
군살 없는 몸매
시니어 모델감이다

등산은
맨발이 제격이라는 손 여사
등산로 초입 큰 나무 아래
가지런히 벗어 놓은 운동화 안에는
양말이 둥지를 틀고 있다
자연과 더불어 살겠다는 올곧은 심지로
산행 즐기는 환경운동가
나무뿌리 풀꽃 하나 생채기 낼까
발바닥 굳은살도 이심전심이란다

산불 지킴이 유 씨
산이 천연 염색으로 물들어 가면
감시초소에서 얼굴 빼꼼 내어민다
건축 일로 한세월 보낸 손끝은

산속에 예쁘장한 소공원 꾸미고
습지 등산로 배수구도 만들었다
황토배기 산길 비질까지 하니
까막까치가 먼저 발 도장 찍는다
익숙한 버릇대로 하지 않으면
마음까지 군시러운 사람이다

이웃

족보 촌수 뛰어넘는
이웃이 있다

6.25 전쟁으로 가솔 이끌고
무작정 피난 떠나
생면부지 권 씨 집 더부살이
탐라 개조開祖의 후손으로
소반小盤 고치는 손재주 좋은
한동네 사는 키 작달막한 양 씨
아버지는
두 분을 형님이라 불렀다

아파트 통로 같이 쓰는
송 여사,
양 여사,
꼬마 수현이,
우리 부부를
언니 형부 할아버지 할머니로 부른다

족보 촌수
묻지도 따지지도 않는
이웃이 있다

달고나 추억

사직야구장 정문 앞 좌판대
가끔씩
시끌벅적하다

저만큼 달음질한 세월 너머
슬금슬금 거리로 나온 간식
아슴푸레한 추억에 성냥불 그어대니
어른도 입맛 쩍쩍 다신다

어려운 시절
아이들의 인기 먹거리
똥과자, 쪽자, 뽑기,
편한 대로 불렀던 조금은 착한 불량 식품
먹는 즐거움 선사한다

달고나,
〈오징어 게임〉이 세계로 알리니
옥스퍼드 사전에 올라간다며

용트림 쏟아낸다

토요일, 일요일
프로 야구 경기가 있는 날이면
꽁지머리 아저씨가 추억 부추기는
달고나 좌판대

시골 장터 풍경이다

담쟁이 나이테 1

어느새
두터운 이불이 거추장스럽다

미라처럼 핼쑥한 담쟁이덩굴
몸집 불리기 한다

기척 없이 내리는 봄비가
잠든 영혼 깨워 주니
세 쪽 갈라진 잎이 얼굴 내어민다

잿빛 도시의 벽
꾸부정한 시골집 돌담
초록이 보쌈을 하니 눈길 쏠린다

오르다 막히면 에움길로 가는 슬기로움
넌지시 일깨워 준다

눈으로 통하는 한 가닥 연줄 있기에
또
가늘게 오는 비 기다린다

담쟁이 나이테 2

물기 없는 회색의 벽을
따뜻한 봄볕이 감싸 안는다
가늘게 오는 비가
깡마른 덩굴손 어루만진다
모질게 버텨 온 나날
혈관에 새 피가 도니
한 폭의 초록 벽화로 다시 태어났다
눈길 마주하는 사람과
묵언의 대화 끝나지 않았는데
등줄기 스치는 막새바람
신경 곤두세우게 한다
아직
태양은 중천에 놀지만
자연의 질서 능가할 재주 없어
초록빛 겉옷 벗어야 한다

담쟁이 나이테 3

어디든
붙들고 기어올라야 한다
수직의 낭떠러지라도
마중물 같은 덩굴손 따라
덤벙거리지 않고 올라야 한다

빛바랜 회색의 벽
뙤약볕이 녹색을 끌어안으니
숲도 생기가 넘친다

남녘의 봄
여름 산 넘어온다고 기력이 쇠잔해
단풍으로 물들어 가니
삶의 이파리들을 떨구어 내야 한다

가을볕 떠나가면
계절의 빛깔을 고스란히 묻고
한 폭의 벽화로 숨 이어가야 한다

담쟁이 나이테 4

푸른 단벌 두루마기
걸친 지 엊그제

누렇게 빛바래
동댕이치니

동맥으로 정맥으로 실핏줄로
내보이는 속살

봄맞이 옷치레 욕심에
오체투지 절 올린다

솜옷 입히다

사직야구장 정문 광장
해거리 하지 않는
배추 1만 포기 김장하기
겨울을 녹인다

시민단체
부산시장
롯데자이언트 선수들
따뜻한 마음으로 배추 속 채운다

고춧가루, 젓갈 냄새
물큰 코를 찌르지만

두 손으로
버물고 치대어
움츠린 겨울에게
솜옷 입힌다

3부

덕석바위 전설

　동래 사직동, 야트막한 쇠미산에는 애틋한 전설이 있다 천둥 벼락 성화 부리고 비는 들이퍼붓는데 덕석바위 아래 굴속 우렁찬 아기 울음 들리니 백마가 한달음에 달려와 우는 아기 돌본다 어느덧 겨드랑이에 날개 돋으니 백마 타고 천지 주름잡는 소년 장수, 동래성 침공한 왜군 무찔러 그 용맹 우뚝 섰다 무예 갈고 닦던 덕석바위, 발 도장 찍어 놓고 홀연히 떠나버린, 한 뼘 삶도 살지 못한 소년 장수, 그 영혼 고즈넉이 지키는 돌탑에 두 손 모으고 눈 감는다 소나무 웃자라 키 껑충한데 전설은 제자리걸음이다

개좌고개 충견

그 옛날
기장 철마의 한 청년
부산진성 입방군入防軍 몸이지만
노부모 봉양 위해
개 한 마리 길동무 삼아
고개 넘나들며 출퇴근했다

어느 봄날 퇴근길
고개에서 쉬다 잠이 든 사이
들고 다니던 횃불로 산불이 나자
계곡물 적셔 온 개
주인 몸에 불 번지는 것 막다가
지쳐서 불에 타 죽었다

잠이 깬 청년
개의 충성 알고서
그 자리에 장사 치르고
마을에 입소문 내니

개가 목숨 구해 준 고개라 하여
개좌고개로 불렀다

세월 바뀌어
개좌터널에 묻힌 개좌고개
충견의 이바구
사람들 가슴에 지워진 지 오래인데
전설비는 여전해서 대를 물린다

동래 온천

신라시대 동래 고을
절름발이 노파
어느 날
집 근처 논에 날아온 학 한 마리
다리 절룩거려 동병상련 느끼는데
며칠 지나 다리 완쾌된 학
날개 퍼덕이며 날아간다

이상하게 여긴 노파
학이 머물던 자리 눈여겨 살피는데
뜨거운 물 솟고 있어
그 물에 발 푹 담그니
씻은 듯 다리 낫는다

고을 사람들
이곳을 온천溫泉이라 부른다

그동안

희미해진 기억의 꼬리라도 만지라고
온천장, 온천동, 온천천, 온천장역
색다른 이름표 단다

세월 흘러
온천보다 더 기세부리는 아파트 군락
이미 고개 넘어버린 삶의 방식
몸이 군시러울 때
동래 온천물에 영혼까지 내맡기면
녹아내리는 욕심 지스러기
느지막이 깨닫는다

화지산 정묘鄭墓

구백여 년 전 동래현 현령
화지산 올라 명당 혈 찾았으나
절영도 봉래산 괴암怪岩이 보여
역적 날 자리라고 탄식했다

이를 엿들은 정鄭이방
아들에게 은근히 내비쳤는데
아버지 죽자 화지산에 장지 정한 아들
운구하는 날 백설로 뒤덮인 화지산
호랑이가 누워 있던 자리에 묘를 썼다

얼마 후
시신 파내는 해괴한 일 생겨
아들 고민에 빠졌는데
백발노인 나타나 "아전이 누울 자리 아니니
밀짚으로 관을 싸 묻어라" 말하고 사라졌다

이듬해
비와 먹구름 몰고 온 뇌성벽력

봉래산 괴암 깨부수니
정승, 대제학, 문과급제 후손 수두룩
동래 정씨 시조 이방 정문도 무덤인 정묘
이 앞을 지나치려면 말에서 내려 걸어갔다

시조 제향날
꼬리 문 관광버스
말끄트머리 독특한 억양
자손 번창함이 묻어난다

무덤가 백일홍
긴 세월 쌍지팡이로 버텨 오지만
한 가닥 정열은
붉은 꽃구름 피운다

하마정下馬停 비석
그 자리
콘크리트 다리가 우뚝
진짜 전설이 되었다

사직벌 이바구

해발 149m 금용산
야트막한 언덕에 서 있노라면
사직벌 화두가 바람결에 들려온다

사직야구장
나배이라고 지청구 듣지만
구도球都의 기개는 묵언으로 말한다
선거철 되면 울컥 토하는
새 야구장 건립 약속
꼬리가 없다
새 술은 새 부대에 담아
영광 안을 날 기다려 두 손 모은다
오늘도, 부산갈매기 떼창은 사직벌 달군다

2002 월드컵
4강 신화 창조한 거스 히딩크
믿음은 빗나가지 않았다
첫 승전고 울린 아시아드주경기장

그 감동
뻥 뚫린 지붕 타고 하늘까지 닿았다
40년 만에 동강난 파리올림픽 본선
표정 어두운 주경기장
내 마음을 꼭 닮았다

실내체육관
KCC 이지스농구단 둥지 트니
챔피언전 우승 현수막
스물일곱 해 만에 내걸었다
막춤으로 속내 드러낸 박 시장市長
시민들 박수가 허공 가른다
내친김에
또 사직벌 북새판 이루면 어떨까

몸이 찌뿌듯 할라치면
사직수영장이 제격이라는 어느 시인
한 바퀴 돌고나면

마음까지 둥둥 뜬다며 예찬론 늘어놓는다
귀 솔깃하지만
굳은살이 된 엉터리 개헤엄 선뵈기 쑥스럽다

지하철 3호선
종합운동장역과 사직역
입에 맞는 먹거리 챙겨 들고
등번호 새겨진 윗도리 입은 눈동자들
사직벌로 종종걸음 친다

운동의 성지 사직벌
짜릿한 역전극 응원 열기
불타오른다

성지곡수원지는

우리나라
맨 처음 중력식 콘크리트 댐 수원지
당시, 부산 시민의 젖줄이며
논밭에 물까지 대어 농민 시름 덜었다

어느덧 환갑의 나이
낙동강 물 수도꼭지에서
철철 쏟아져 내리니
지켜온 생활용수 자리 내어주고
예전 계곡물로 되돌아갔다

가슴에 계곡물 품어
어린 물고기 보듬어 키우니
자연의 순리가 여기에도 존재한다

신라의 지관 성지聖知
경상도에서 가장 몸매 좋은 골짜기라고
자기 이름 붙인 성지곡
언제나 만삭인 수원지
마음 풍요로운 수원지

낙서 문화 2

야구의 성지 사직야구장
정문 근처를 테마거리로 꾸몄다

거리 가장자리
순백의 조형물
근육질 팔뚝으로 포크볼 던지고
홈런을 꿈꾸며 허공 가르는 방망이
글러브 끼고 용수철처럼 튀어 올라
추호도 틀림이 없다며 두 팔 벌리니
눈짐작이 간다

어느덧 담장 넘어 온 낙서 문화
화폭으로 옷 갈아입은 조형물
마음 빼앗긴 선수에게 하트 세례 날리고
발품의 증표로 갈겨쓴 글씨
서툰 연서는 댓글이 달리지 않고
젊은이들의 속내로 덧칠한 이야기
2030 엑스포까지 끈 이으려 숨 고르기 한다

사직야구장 테마거리
낙서가 또 다른 볼거리로 터를 잡으니
한 치의 빈자리 노리는
꽂히는 시선들

금샘

부산 금정산 고당봉 동쪽 기슭
우뚝 솟은 바위 정수리
금빛 물고기 노는 바위샘이 있다

낙동강에서 달려온 안개
햇볕과 손 맞잡고 물기로 만든 샘물
석양이 금빛으로 덧칠하니
금빛 물고기 펄떡인다

백두대간 흘러와 세운 금정산
광안대교 낙동강 한눈에 들어오고
자연이 빚어 준 신비스러운 금샘
풍요 다산 기원하는 성소다

어릴 적 소 먹이며 뛰놀던 뻔떡에
큰 덩치 으스대던 바위
벼락 맞아 움푹 파인 바위 위 웅덩이
무당개구리 식구 불리던 곳

어느 날
눈이 마주친 금샘
내 고향 아스라한 추억 되새기게 하니
맺은 끈
아무렇게 풀 수 없다

찬물샘에 물이 없다

금정산맥이 흘러내려 멈춘
백양산 자락
울창한 편백나무 삼나무
뭇사람 발길 이끌고
삼백예순날 옥수 내어주는 찬물샘
등산객 땀방울 찍어 낸다

제3만덕터널 공사
시도 때도 없는 발파 작업
소음 진동이 온 산을 덮치니
찬물샘
물줄기 가늘어진다

한 해 지나 두 해
쩍 벌린 입에서
물 한 방울 토하지 않아
공사판 찾아가 따졌지만
귀담아듣지 않는다

이제나저제나
기다리는 마음들
어느 날
하늘에서 눈물 뿌리니
쾅쾅 쏟아지는 물줄기
기쁨도 잠시다

찬물샘
그대가 보시한 냉수 한 바가지
목마름으로 다가오고
덩그렇게 서 있는 찬물쉼터 원두막
알다가도 모를 일이라며
눈 휘둥그레 뜬다

청사포

해녀가 물질한 해산물
구미 당기어
애틋한 사랑 이야기 모른 채
그저 청사포에 들락거린다

먼 옛날
금슬 좋은 부부
고기잡이 떠난 남편의 배가
풍랑에 침몰하고

이 사실
알 턱이 없는 아내
바닷가 바위 옆에 소나무 심고
끼니 잊은 채 남편 기다린다

어느 날
용왕이 보내 준 푸른 뱀 타고
아내는 용궁에 갔지만

남편은 돌아갈 수 없는 몸

애틋하고 절절한 사랑
먼 훗날까지 전해지도록
바위와 소나무는
망부석과 망부송이 된다

동해바다로 바라보는 일출
유난히 푸르른 저녁달
그 푸르른 저녁달 따라
물길 밝히는 등대

엄지척

2328위 영혼
길 떠나지 못하고
70 성상 훌쩍 보내니
아픔도 떠나기를 머뭇거리는
유아독존 유엔군 묘지
유엔기념공원이다

덩치가 세계 으뜸
신세계백화점 센텀시티점
젊은이들 시선 녹는 곳
땡전 한 푼 없어도 마냥
공일 기다린다

유혹하는 파도
뜨겁게 내리쬐는 태양
몸뚱이 숯검정 되어도
꺼풀 벗는 군상들
해운대 해수욕장
하루 설치 파라솔 7937개
기네스북에 이름 남겼다

제주 돌담

한반도 남쪽 외로운 섬
제주 돌담길 걸어가면
검은 용이 꿈틀거리는 착각에 빠진다네

꼬불꼬불 굽이져 가도 가도
끝이 어딘지 길어지는 돌담길이라네

시뻘건 불구덩이에 들앉아
익을 대로 익은 돌덩이
전설이었나
검은 분 바르고 햇빛 아래
센 바람 막으려 길을 막아서네

그래도
마음에 절벽 두르지 않고
내 가는 길에는 어깨 맞대고 반겨주네

고망이 바롱바롱*
사나운 바람도 틈 주며
지나가라 하네

* 고망이 바롱바롱: 구멍이 숭숭(제주도 말)

몰운대 다시 찾다

이곳은
북위 35° 02′ 28″ 동경 128° 58′ 09″
낙동강 하구 남쪽
바다와 이웃한 낙동정맥 종점
기암괴석과 울창한 나무가 빚어낸
뛰어난 경승지다

임진왜란 당시
충장공 정운
오백여 척 왜선에 맞서 싸우다
몰운대 앞 바다에 목숨 버리니
안개와 구름 시시로 몰려와
씻김굿 한바탕 벌인다

80년대 대학가
학생 시위 들불처럼 번져
온 나라가 어수선
출퇴근 존재 무시된 나날

직원끼리 잠깐 찾은 몰운대
총을 멘 군인이 지키고 있어
발 들여놓기 떨떠름했지만
갯내, 솔 내음 버무려진 해안 길 한 바퀴
어느새 자연인이다

한참 뒤 다시 찾은 몰운대

몸뚱이 굵어진 나무 사이로
울려오는 충장공 호령 소리
그 호령 소리 오래 기억하라고
내 몸에
소금기 끼얹는
바닷바람

한라산

아주 옛날
하늘과 땅을 가른 뒤 만든 섬 제주
너른 바다 한가운데
오뚝하니 솟으니
지구촌 시선이 쏠린다
밀려오는 남태평양 큰바람
삼신할미가 점지한 한라산이 가로막는다
성산 일출 게으름 부리지 않아
붉은 철쭉 바다로 옷 갈아입는 윗세오름
잔설이 엎드린 여름 백록담
등산객 눈 치뜨게 하고
영광 분노
다 잊으라며 흰 소금 뿌리는 겨울 한라산
제주의 상징
살아있는 생태 공원
오고셍이 잘 지켜져시민 좋쿠다*

*오고셍이 잘 지켜져시민 좋쿠다: 고스란히 잘 지켜졌으면 좋겠어요.
 (제주도 말)

4부

어느새

알고 보니
자란 곳이 이웃 마을
부부 연 맺었네
잘 지은 자식 농사
부러운 눈치들
뽐내며 살았네
흰 검불
머리에 잔뜩 붙었지만
마음은 작열하는 태양이네
등산길 오르는 할매, 할배
나지막한 숲속에서
오며가며 거듭하기를 몇 차례
아리송한 세월
툭 떨어지는 솔방울로 셈하네

신현순 여사

호기심 날개 돋을 때쯤
고향 진주를 떠났다

어느새 달덩이처럼 환한 얼굴
뽀얀 살결의 고녀高女
더러 중신어미 문지방 넘나들더니
성 씨 가문 종부로
부산 땅에 둥지 틀었다

서툰 신접살림
거칠어지는 손
동동구리무도 별로
손끝은 여물어간다

어느덧 머리에 서리꽃 내려앉고
갈 길 가버린 삼 남매
살붙이 이끌고 대문 두드리면
적적한 마음 이내 사라진다

껍딱지가 된 가방 속 염주
장학금, 성금 보시 성에 차지 않아
절 지어 부처님 말씀 새기니

감사패, 표창장이 다 무어냐
인연법 따라 살아가면 될 것을

경상도 사투리 1

1.

우리 아부지
산청 본토박이
평균 수명 겨우 넘기고
하늘나라로 여행 떠났다

봄이면
송구 산나물로 허기 달래며
바다 괴기 맛보려고
제삿날 손꼽는다

씨엄 꺼뭇꺼뭇할 즈음
강 건너 산 넘어 사는
황 씨 가문 맏딸 짝으로 만나
억척스럽게 살았다

2.

시골 장날,
바다 괴기 맛보는 날

장바구니 든 옴마

이녁!
오늘 장에 댕기 오것소

아부지 입속에 쟁여 둔 말

하모! 하모!

경상도 사투리 2

1.

우리 옴마
산이 동무하자는 뜸마을에서
여섯 남매 맏이로 태어나
우리 아부지 만나
그저 그렇게 살다 먼 길 떠났다

농사, 길쌈, 누에치기
불퉁그러진 손모디
여기에다
남애 선호 사상으로
자식 열하고도 둘을 더 낳았다

2.

고픈 배,
물로 채우며 산 세월

집안 구시구시
묵을거리가 수두룩하다

옴마는
막내인 내가 좋아한다고
5일장 들러 품고 와
고방 선반에 둔 저실 주전부리

몰래 들어가
다리부터 질겅질겅 먹기를 여러 차례

저울 닮은 옴마 눈짐작

인쥐가 있나
수리미가 자꾸 축이 나네
그래
자슥이 묵었은깨 개안타

한발 앞서가기

그 옛날
제 먹을 복은 제가 타고난다고
다산이 축복
아기 울음소리 쟁쟁했다

어느 날
적게 낳아 잘 키우자
둘만 낳아 잘 기르자
잘 키운 딸 하나 열 아들 안 부럽다
다산이 축복이 아니다

또, 어느 날
하나는 외롭습니다
임신 출산 부담금 줄여주고
난임 시술비 건강보험 적용한다며
은근히 부채질 한다

또, 또, 어느 날
부산 도시철도
임산부 지정석으로는 성에 안 차

전국에서 가장 발 빠르게
임산부 배려석 알리미
'핑크라이트' 시스템 도입
자리양보 안내 음성 나오게 하고
불빛도 깜빡깜빡
임산부 나들이에 손 보태니
열아홉 번째 임산부 날을 맞아
나라에서 상까지 받았다
고령 인구 일등 도시, 부산
꼴찌 탈출에 애쓴 덤이다

또, 또, 또, 어느 날
부산 3호선 도시철도
사람들이 소복한 전동차 안
몸매로도 짐작 가는 여성
임산부 배려석 앞에서
핑크라이트 불빛 작동하니
중년 아줌마
용수철을 닮았다

옛날 구장* 선거

공약도, 벽보도, 선거 유세도
비아냥거림도 없다
그저
명품 일꾼 되겠다는 일념으로
손가락 꼽았다
사돈, 일가, 이웃, 초등학교 동창
미덥지가 않아
몽당연필에 침 발라 치부책에 끼적거렸다
— 구장 자리는 따 놓은 당상이야

어느 날
입심 좋은 아무개 어른과
주막에서 막걸리 잔 주고받은 것이
사람들 입에 오르내려
인심은 안개를 피우고
골목 모퉁이 돌면 마주하는 사돈네
마음 보듬기 예삿일 아니다

시선 꽂히는 투표함
무당 할멈의 점괘를 떠올리며
아랫입술 지그시 물고 기다렸지만
공든 탑은 밑동까지 무너졌다

얼떨결에 날린 토악질

― 사돈 표는 오데 갔소?

＊구장: 지금의 마을 이장

청력

요즘 들어

아내는 내리고

나는 올리고

티브이 리모컨

짜증낸다

손길

새벽을 여는 국제신문
갖가지 이야기를
도화지 위에 끄적거린다

따끈따끈한 소식
대문간에 꽂으려고
윤전기는 어둠 살라먹는다

해방 이듬 이듬해
부산 땅에 간판 걸고서
쏟아 내는 쓴소리
독재 권력에 빗장 질려 생명줄 동강 났지만
몸부림으로 다시 끈 이은 정론지
내일모레 팔순이다

아직도
의욕 기력은 강골인데
현주소는 엇박자
한 해 끄트머리
결석 지각 없는 구세군 자선냄비
별로 보이지 않는다

정영태

소년은
외동 유복자
태어난 곳이 산청 두메산골
고향에서 어린 시절 보내고
부산 땅에 발을 내려놓았다
비릿한 내음 코끝으로 느끼며
외숙의 손에 이끌려 간 곳
어느 금은방
곁눈질 하지 않고 판 한 우물
가게 주인으로 우뚝 섰다

청년은
날이 갈수록 자라는 그리움 하나
옴마가 들려주던 이바구
느그 아배는 6.25 전쟁 중에 총상 입어
마산 군인병원에서 치료 받고 있을 때
니를 배태했다 아이가
상처가 아물기 전에 귀대했는대
쪼매 있신께 전사 통지서가 날아 들은기라

어느덧 중년
마음속으로 그려보는 아부지
나라 위해 목숨 바친 참전 용사
국가유공자 종우 쪼가리 하나
살붙이가 할 일
수소문하기를 일곱 해
나라님 옥새 선명한 증서
영혼 앞에 바쳤다

이제는 황혼
반백 년 세월 건너뛴 타향살이
고향의 질박한 사투리 향수 불러
치부책에 적기를 십여 년
산청 사투리 초판이어 증보판 선보이니
증증보판이 눈앞에 어른거린다
생명 끈 이어온 산청 사람의 말
아이고 싸개라!
책 맹근다고 욕봤데이

최동원 2

검지, 중지와 엄지손가락 사이
끼워 잡은 야구공
앙다물고 내던지는
무쇠팔 사나이

헛방망이질
또,
또, 또,
코 싸쥐는 타자
입꼬리 올라가는 투수
쌍곡선이 교차한다

세월 흘러
사직야구장 광장에서
11번 껌딱지 등번호 달고
진짜배기 무쇠팔로
밤낮으로 야구공 던진다

불세출의 영웅
오래도록 잊지 않으려고
동상 세웠지만
눈여겨보는 이 드문드문

모정은
주름진 손으로 무쇠팔 어루만진다

기억하기 싫은 기억
— 원폭 피해자

먹을 복 타고난다는
그 세월
아기울음 골목 메웠다

한 치 오차 없이 찾아오는
보릿고개
초근목피 연명도 하세월
일본 밀항선에 몸뚱이 실었다

조선인이라는 낙인
씌워진 멍에 천대 멸시
벌어먹고 살려니
밤낮이 없었다

1945년 8월 여름날
히로시마, 나가사키
번갯불 천둥소리
피어오르는 버섯구름

널브러진 영혼들
선혈로 도배한 길바닥
그림자조차 사라진 집

그래도
육신 누일 고향 있어
아픈 가슴 보듬고 왔지만
이방인으로 흘겨보는 인심
어느덧 80년
느지막이 우리 소리 내어본다

덫에 걸린 적 있다

물려받은 혈통으로
평생을 젊게 살 줄 알았다
키다리 몸매 으스대며

칼바람 앞에서
죽지 부러져도
먹구름 뒤에 숨바꼭질하는
소나무

거짓과 위선 섬뜩하다
체질이 아니라고 알몸 고집한다
하늘의 깊은 눈매에 이끌려
길 비켜 가지만
타고난 느린 걸음은
생사의 갈림길에서 넘어지고 마는
민달팽이

드문드문 돋아난 새치

눈 밑에 자욱한 먹구름
유전으로 탕치기는 어설픈 잣대
고개턱에 걸린 저녁노을 만큼
추락한 나이

한 번쯤
모난 이치 포기하고 싶어
비루한 객기 부려보지만
막장 안에서 허우적거리는
오늘이 나를 만나자 한다

실수이지만

생각 주머니 마실 가버려
출금한 돈 두고 간 단골손님
삐, 삐, 삐 —
삐, 삐, 삐 —
현금 자동 입출금기는 돈 챙겨가라고
외쳐보지만
메아리가 없다

번쩍 살아난 생각 주머니
가던 길 되돌아 와
콩닥거리는 가슴으로 들른 은행
번호표 뽑는 것은 새까맣게 잊어버리고
대기 고객 없는 창구로 발걸음 했다

거래 통장에 선명하게 찍힌 출금 증거
이것으로 청을 들어주기가 곤란하다며
업무 마감 시간까지 기다리라 한다

운명의 오후 4시
행방이 아리송했던 돈
원주인의 품으로 돌아왔다
어처구니없는 실수
꼭 땡감을 씹은 기분이다

닮았으면

우리 어머니
타고난 다산 체질
천륜 끊지 않고 열둘을 생산
저승 문턱 들락거렸다

우리 집 호접란
솜씨 좋아 피운 꽃이 열하고 두 송이
거실장 위에서 대식구 자랑한다

성가신 서생원
자손 퍼뜨리는 재주
전매특허라며
보란 듯 엄지손가락 치켜세운다

혼자 밥 먹기
혼자 술 먹기
혼자 영화 보기
혼자 여행하기
모난 생각
엇박자다

해설

인생의 순간들, 연결된 시간 속 이야기

문 선 영
문학평론가 · 시인 · 동아대 교수

1.

"무거운 마음 잠시 내려놓고/ 길 떠나보는 것/ 이제야/ 나의 두 눈에 터를 잡습니다."
— 「시인의 말」

 네 번째 시집을 알리는 이 짧은 「시인의 말」은, 시인의 오랜 삶과 내면을 통과한 뒤에야 비로소 도달한 고요한 시선의 선언이다. 청춘의 불꽃이 지나고, 이후 삶의 분주함도 한발 물러선 자리에서, 시인은 말없이 짐을 내려놓는다. 그리고 새로운 길을 떠난다. 그 길은 어쩌면 바깥세상이 아니라, 다시 자신 안으로 깊이 들어가는 여정이리라. 잠시 멈추어 바라보는 삶의 풍경 또는 시인이 여는 조용한 여정.

인생의 후반부에 접어든 시인이 네 번째 시집 『서툰 연서는 댓글이 달리지 않고』를 내면서 이제야 "두 눈에 터를 잡"는다고 말할 때, 우리는 이 시집이 단순한 감정의 기록이 아니라 삶 전체를 돌아보고, 받아들이며, 그 너머를 바라보는 통찰의 시편들이라는 것을 짐작하게 된다. 시집의 포문을 열면서 시인은 넌지시 말하는 듯하다. 살아온 날들의 무게를 탓하지 말고, 그것을 품은 채 가볍게 길을 나서보자고. 어쩌면 그 길 끝에는, 처음에는 보이지 않던 조용한 아름다움과 잊고 지낸 감정들, 그리고 자신의 진짜 얼굴이 기다리고 있을지도 모른다고.

이「시인의 말」로도 우리는 시인이 여행이 아니라 귀향에 방점을 두고 있는 듯한 인상을 받는다. 밖으로 떠나는 것이 아니라, 자신에게 돌아오는 길. 그 길목마다 시인은 사소한 것들을 놓치지 않고 노래하고, 그 노래는 마침내 우리의 마음에도 조용히 터를 잡는 것이리라.

시인이 펴낸 네 번째 시집은 그래서 다정하다. 그 다정함은 어쩌면 세상을 온전히 디딘 이만이 가질 수 있는, 조금은 쓸쓸하지만 따뜻한 말투 덕분이 아닌가 한다. 무엇을, 어디서부터, 왜 '써 내려가고' 있는지에 대한 실마리를 담고 있기 때문이 아닌가 한다. 하여,

삶의 뒤안길에 잠시 멈춰 무거운 마음을 놓고 새로운 길, 어쩌면 '시의 길', 혹은 '기억의 길'을 다시 두 눈에 담는 마음의 자세, 그것이 바로 이 시집의 출발점이라는 생각.

2.

『서툰 연서는 댓글이 달리지 않고』는 조용하다. 마치 오래된 골목의 뒷벽을 타고 흐르는 저녁별처럼, 혹은 일요일 늦은 오후 찻잔 가장자리에 머무는 바람처럼. 그러나 그 조용함은 비어 있는 것이 아니라 시간의 층위들이 켜켜이 쌓여 있는, 묵직한 침묵에 가깝다. 시인이 살아오면서 만난 사람과 풍경들로 가득하여 마침내 묵직해진.

시집의 제목, '서툰 연서는 댓글이 달리지 않고'는 언뜻 시대적 디지털 감수성을 담은 듯 보이지만, 실은 그 반대편을 향해 있다. 시인은 '댓글이 달리지 않는' 이 침묵을 통해, 말이 미처 다다르지 못하는 곳까지 서툴지만 끈질기게 자신의 '연서'를 전하고자 한다.

『서툰 연서는 댓글이 달리지 않고』는 4부에 걸쳐 삶과 기억, 자연과 도시, 가족과 노동, 전설과 현재, 그리고 노년과 청춘의 시간들이 중첩된 풍경들을 거쳐 결국 한 사람의 내면으로 천천히 되돌아오는 여정을 보여 준다. 여기엔 대단한 파격이나 언어의 실험은 찾아보기 힘들다(물론 「여유 1」과 「새해 아침」에서 슬며시 시도하고 있기는 하다). 대신, 삶을 오래 지켜본 사람만이 품을 수 있는 깊은 눈빛, 자신의 말을 더듬으며 꺼내는 나지막한 목소리, 그리고 사라지는 것들에 대해 품는 연민과 온기가 있다.

먼저 1부에서 시인은 "서툰" 삶의 첫 페이지, 기다림과 기억의 정원을 펼치고 있어 눈길을 사로잡는다. 시집은 「서곡序曲」으로 포문을 연다. 이 시는 제목 그대로 이 시집 전체의 정조情調를 알리는 서문 같은 역할을 한다. 텃밭, 대파, 목련, 목탁 소리, 스티로폼 박스, 잡초, 갈 길 먼 길손…. 하나하나의 이미지들은 자연과 인간, 정적인 것과 동적인 것, 침묵과 이동이 혼재된 풍경이다.

이런 풍경은 이후 1부 전체의 결을 짙게 결정짓는다. 삶의 전면에서 물러나 뒤안길에 선 시인의 시선이, 그저 '관조하는' 수준에 그치지 않고 자신의 내면을 더듬으며 삶의 정황들을 '다시 살아내는' 방식으로 펼쳐지는 것이다.

첫 시 「서곡」은 마치 산사의 풍경처럼 고요하지만, 그 안에 깃든 감정은 깊고 분주하다. 봄의 기척을 품은 "매화", "실눈" 뜬 "잡초", "하품"하는 "화분", 그리고 "귓전을 스치는 바람 풀이 죽었다"는 구절에서 시인은 세상의 미세한 숨결들을 들으며 '나'의 마음을 비춘다. 삶의 출발점은 화려한 선포가 아닌, 이런 조용한 체념과 수용일지도 모른다. 이 시는 이 시집 전체가 내면의 낮은 숨으로 말해지는 이야기라는 것을 예고한다.

> 텃밭의 매화 꽃망울 한 짐 짊어지고 있다
> 스티로폼 박스 속 대파 뾰조롬히 얼굴 내민다
> 보도블록 틈새 잡초 실눈으로 하늘 본다
> 거실 화분이 하품 늘어지게 한다
> 화단의 목련 사춘기 소녀다
> 귓전을 스치는 바람 풀이 죽었다
> 산사의 목탁 소리 졸음이 묻어난다
> 남녘에서 온 길손 갈 길 멀다 한다
> － 「서곡序曲」 전문

위 시에서 시인은 일상의 미세한 움직임들을 가만히

들여다보며 세계와 조응하는 감각의 서막을 열고 있다. 제목 '서곡'이 암시하듯, 이 시는 시작의 자리에서 말 없이 피어나는 존재들의 숨결을 포착한다. 매화 꽃망울이 "한 짐"으로 짊어진다는 표현은 무게의 형상화이자 생의 약동을 감지하는 시인의 섬세한 눈이다. 추운 겨울을 지나 마침내 발화하는 생명 앞에서, 시인은 이를 활주의 기적처럼 받아들이며 시 전체를 하나의 '여는 장'으로 펼쳐낸다. 대파의 "뾰조롬한" 얼굴, 잡초의 "실눈", 화분의 "하품" 같은 표현들은 식물들마저 인격을 갖춘 듯 다가오게 하며, 존재들이 저마다의 방식으로 살아 있음을 부드럽고 정겹게 일깨운다.

  이 시가 흥미로운 지점은, 생명의 활력을 그리는 동시에, 그것이 한층 여리고 느릿한 시간의 결을 따라간다는 점이다. "귓전을 스치는 바람"은 활기차기보다는 "풀이 죽었"고, "산사의 목탁 소리"에도 졸음이 묻어난다. 이는 생이 활짝 터지는 순간조차 소란스럽지 않다는 통찰로 읽힌다. 자연은 그저 그 자리에 있을 뿐이며, 그 느린 결에 귀 기울일 때 비로소 들려오는 소리들이 있다는 사실을 시인은 반복해서 건넨다. 이것은 도시의 시간과는 다른 리듬, 말하자면 '느림의 미학'으로 읽히며, 시간의 깊이를 반추하는 시인의 태도가 감지된다.

마지막 행에서 "남녘에서 온 길손"은 외부에서 들어온 존재로서, 앞선 이미지들과 미묘하게 결을 달리하지만, 동시에 그들과 한 결로 놓인다. "길손"이 "갈 길 멀다 한다"는 표현은 단순한 여정을 넘어, 삶이라는 시간의 흐름을 암시하는 듯하다. 시는 그 갈 길을 조급히 재촉하지 않고, 오히려 모든 존재의 느릿한 각성과 함께 그 길을 천천히 걷는다. 「서곡」은 그렇게 하나의 큰 이야기를 시작하면서도, 작은 존재들의 생과 정서를 가만히 조명하는 서정의 언어로서, 삶의 예민한 촉수들을 다시 일깨우는 인상적인 출발점이 된다.

 이러한 「서곡」과 함께 제목 자체가 '전언傳言'이 되는 작품이 있다. 「산, 너는 알고 있다」("바라는 마음/ 버려진 마음/ 입 다문 산/ 속내 알 수 없지만/ 어쩌다 마주한 마음/ 그리 헐겁지 않다")가 그것이다. 산은 말이 없지만 "어쩌다 마주한 마음/ 그리 헐겁지 않다"고 했다. "버려"졌지만 "바라는 마음", "입 다"물고 있지만 "속내"를 아는 존재, 시인은 "산"이라는 대상을 통해 말하지 못한 감정의 무게를 은유한다. 시인이 지금껏 살아내면서 지닌 침묵은 체념이 아닌 숙성된 언어이며, 그 언어는 독자의 마음을 다른 시간의 층으로 이동시킨다.

이러한 숙성된 언어의 정수를 보여주며 독자의 마음을 전이시키는 작품이 눈길을 끈다. 「여유 1」이 두드러진다. 감나무 끝머리에 남겨둔 까치밥은 단순한 풍경이 아니다. 그것은 '남겨둠'의 미학이고, 절제된 애정의 형태다. 이 짧은 시는 삶의 뒷모습을 감각적으로 그려낸다. 무엇인가를 다하지 않고 남겨두는 마음, 그 안에 담긴 여운은 이 시집 전체의 정서와 닮아 있고 앞서 살핀 「서곡」의 여운을 잇고 있어 흥미롭다.

    시골집

    감나무

    끄
    트
    머
    리

    까치밥

              - 「여유 1」 전문

위 시는 단 넉 줄, 일곱 어절로 구성된 극도로 절제된 시다. 하지만 그 속에 담긴 정서는 결코 작지 않다. '시골집'이라는 배경은 이미 독자의 마음속에 한 장면을 펼쳐 놓는다. 그리고 이어지는 "감나무 /끄 /트 /머 /리"의 배열은 마치 감나무 가지 끝을 따라 시선이 천천히 옮겨가는 움직임을 시각적으로 구현해낸다. 이 행간의 호흡은 독자에게 시의 시간에 몸을 맡기도록 권유하며, 자연과 인간의 관계, 혹은 계절의 흐름에 묵묵히 순응하는 삶의 태도를 조용히 전해준다.

"까치밥"이라는 단어 하나가 시의 마지막을 장식하며, 이 시가 지닌 품격과 사려 깊음을 완성한다. 까치밥은 단지 남겨진 감이 아니라, 자연을 위한 여백이며, 인간의 배려가 스며든 상징이다. 모든 것을 취하지 않고 조금을 남기는 마음, 그것이 이 시의 "여유"다. 그리고 그 여유는 물리적인 풍요와는 거리가 멀다. 오히려 그것은 내면의 질서와 느린 시간의 흐름, 자연에 대한 순응과 공존의 윤리를 담고 있다. 이토록 간명하게 삶의 미덕을 드러낼 수 있는 시를 드물게 만나서 여간 반갑지가 않다.

무엇보다 이 시는 말하지 않는 방식으로 말하는 시다. 전언보다 여운, 진술보다 정적이 앞서는 시적 태도는, 시인이 오랜 시간 자연과 함께 호흡하며 체득한 삶의 철학을 보여준다. 감나무 끝가지에 남겨진 감 하나는, 어쩌면 우리 마음속에도 남겨두어야 할 작고 소중한 침묵일지 모른다. 「여유 1」은 그 침묵을 '감나무

끄트머리'에 조용히 걸어두며, 삶이 다가오는 방향을 다시금 바라보게 한다.

이러한 정조를 유지하면서 시인의 시선이 밤에 수렴되는 풍경을 만난다. 밤의 풍경은 도시의 뒷면을 비춘다. "쪽지 한 장 남기지 않는 그믐달", "눈 내리깔고" 선 "가로등", "등대지기 하는 불빛"…. 이 시에서 시인은 어둠 속에 살아 있는 생명들, 침묵의 풍경 안에서 움직이는 인간과 사물의 존재감을 붙들고자 한다. 이 "밤"은 비유적으로, 인생의 후반부이자 고요한 심연의 시간대를 암시하기도 한다.

> 밤잠 못 이뤄 창밖 너머로 돌리는 눈길
> 쪽지 한 장 남기지 않는 그믐달
> 무죄인 침묵
> 북두칠성 별자리
> 가슴츠레 눈 내리깔고 있는 가로등
> 충혈된 눈으로 등대지기 하는 주택 불빛
> 낯익은 신도 기다리다 잠든 교회 네온사인
> 외눈 켜고 바쁜 걸음하는 오토바이
> 밀려드는 졸음 내쫓는 24시 편의점
> 그래도, 살아 있는 야밤의 숨결
> 　　　　　　－「밤의 몫」전문

위 시는 잠들지 못하는 한 존재의 시선으로, 도시의 야경을 조용히 순례하는 작품이다. 시의 첫 구절, "밤 잠 못 이뤄 창밖 너머로 돌리는 눈길"은 외롭거나 불안한 내면의 상태를 짐작케 하면서도, 동시에 관조적인 거리감을 유지한다. "그믐달"은 흔적도 없이 사라진 이별의 상징처럼, "무죄인 침묵"은 말 없는 시간에 대한 시인의 이해와 연민을 품고 있다. 이 밤은 고요하지만, 결코 비어 있지 않다. 오히려 말없이 존재를 밝히고 있는 것들로 채워져 있다.

"북두칠성", "가로등", "주택"의 "불빛", "교회 네온 사인", "오토바이", "편의점"…. 이 하나하나의 이미지들은 정지된 풍경이 아니라, 밤이라는 시간 속에서 자신만의 방식으로 살아 있는 존재들이다. 시인은 이들을 단순한 사물이나 배경으로 묘사하지 않고, 감정을 지닌 주체로 다룬다. 가로등은 "가슴츠레 눈"을 "내리깔고", "주택"의 "불빛"은 "충혈된 눈"으로 누군가를 지키며, "편의점"은 "졸음"을 "내쫓는"다. 이와 같은 의인화는 밤을 단순한 시간대가 아닌 '삶이 계속되는 또 다른 차원'으로 전환시키며, 인간적인 정서와 연결시킨다. 밤은 단지 어두운 시간이 아니라, 우리가 외롭지 않게 서로를 지켜보는 시간이다.

마지막 행의 "그래도, 살아 있는 야밤의 숨결"은 이

시 전체를 관통하는 따뜻한 시선의 결정체다. "그래도"라는 부사는 모든 피로와 침묵, 어둠을 끌어안으면서도 여전히 생의 기척이 있다는 사실을 일러준다. 밤은 피곤하고 외로운 시간이기도 하지만, 그 안에 깃든 작고 사려 깊은 존재들이 함께 살아내고 있다는 사실을 잊지 않도록 만든다. 이 시는 어쩌면 모든 존재자들에게 바치는 조용한 찬가이며, 세상의 뒤편에서도 살아가는 것들에 대한 시인의 존중과 다정한 연대의 마음을 담은 시적 기록이 아닌가 한다.

  이러한 연대의 마음자리는 「사랑은 힘이 세다」에서 구체화된다. 이 시는 1부에서 가장 육중한 현실을 품고 있다. 영도에서 철판을 두드리는 아지매의 육체 노동, 그 속에서도 꺾이지 않는 모정, 그리고 가난의 대물림을 끊고자 하는 다짐. 시인은 여성의 삶, 어머니의 노동, 그 내면의 눈물과 굳은살을 드라마틱하지 않게, 그러나 진심을 담아 써내려간다. 이 시는 단지 회고나 연민이 아니라, 삶을 견디는 한 인물에 대한 존경이다.

> 몸집이 큰 배의 벽에 매달려
> 망치질하는 아지매
> 돌돌 말은 휴지로 귀 틀어막고
> 공포는 바닷물에 가둬 두었다

온몸은 부서져 내리지만
자식 번듯하게 키워
가난을 대물림하지 않으려는 굳은 심지
절대로 버릴 수 없는 꿈이다

자신의 눈물로
진주 만드는 조개를 닮은 어머니의 존재
저세상에서도
딴 마음 먹는 일 없을 것이다

섬 아닌 섬 영도
오늘도 꽝꽝
뱃전 철판 두드리는 아지매
꿈은 날로 단단해지고
손바닥 굳은살은 두께를 더한다

─「사랑은 힘이 세다」전문

 위 시는 바다 곁의 삶을 사는 한 여성, "아지매"의 형상 속에 어머니의 존재와 삶의 의지를 오롯이 담아낸다. "몸집이 큰 배의 벽에 매달려/ 망치질하는" 장면은 단지 노동의 묘사를 넘어, 존재를 세상에 새겨 넣는 울림처럼 들린다. "돌돌 말은 휴지로 귀 틀어막고/ 공포는 바닷물에 간해 두었다"는 표현은 거친 현실 속에서도 공포를 외면하거나 감추는 게 아니라, 그것마저 자신의 몫으로 삼는 여성의 내면 강도를 보여준다. 그녀는 소리 없는 절규 대신, 두드리는 소리로 삶을 증언하고 있다.

2연에서는 이 노동이 단순한 생계유지가 아니라, "가난을 대물림하지 않으려는 굳은 심지"에서 비롯된 신념의 발현임을 밝힌다. 시인은 이를 "절대로 버릴 수 없는 꿈"이라 부르며, 어머니의 희생을 낡은 서정으로 포장하지 않는다. 오히려 그것을 "자신의 눈물로 / 진주 만드는 조개"에 비유함으로써, 눈물로 이룬 삶의 아름다움과 고통의 본질을 동시에 품어낸다. "딴 마음 먹는 일 없을 것이다"라는 말은 삶이 얼마나 고단하든, 그 꿈이 결코 흔들리지 않을 것이라는 단호한 믿음으로 읽힌다. 이 믿음은 감정의 잔물결이 아니라, 오랜 인내와 경험에서 우러난 정신이다.

마지막 연에서 시는 다시 "영도"라는 지명을 통해 구체적인 현실의 터를 언급하며, 삶의 현장으로 독자를 데려간다. "섬 아닌 섬"이라는 표현은 외딴 곳이면서도 끈질기게 세상과 연결된 공간을 뜻하며, "아지매"의 존재 역시 세상에서 고립된 듯하면서도 중심을 지키는 강인함의 상징으로 읽힌다. 뱃전 철판을 두드리는 소리는 단지 작업음이 아니라, 생의 선언처럼 들린다. "꿈은 날로 단단해지고／ 손바닥 굳은살은 두께를 더한다"는 결말은 단순한 현실 묘사 그 이상이다. 그것은 "사랑"이란 이름으로 형상화된 삶의 힘이, 세월을 이기고 어떻게 축적되어 가는지를 보여주는 묵직한 결론이다. 이 시는 제목 그대로, 사랑이 얼마나 강하고 위대한지를 조용히, 그러나 분명히 증명하고 있다.

개인을 통한 연대의 강화는 「오월은 다시 온다」에서 변주된다. 이 시는 가장 서정적이면서도 가장 정치적인 작품으로 읽힌다. "오월", "보리피리", "지게", "논두렁", "울음"…. 「오월은 다시 온다」는 역사와 개인이 교차하는 시점에서 감정이 어떻게 몸을 타고 흐르는가를 보여주는 시다. "아버지"의 "빈 지게", "오월"의 "들판"은 단지 과거의 이미지가 아니라, 지금도 살아 있는 울음의 기억이다.

> 오월 논둑길 걸어 보았는가
> 폭발하듯 터진 울음
> 저 소리 들어 보았는가
> 들리는가
> 울음에 매달린 저 높은 함성
> 울음 그치지 않는 울음
> 듣고 자라는 생명의 양식
>
> 울 아버지

　　　　옛날옛적 지게에 매달리던
　　　　논두렁길
　　　　들판 가득 피어오르는 아지랑이 타는
　　　　오월에 앉아
　　　　허기진 가슴에 눌러 붙은 보리피리
　　　　빈 지게만 남기신 일흔 생애
　　　　오월은 다시 온다

　　　　　　－「오월은 다시 온다」 전문

　위 시는 단지 계절을 노래하는 시가 아니다. 그것은 "오월"이라는 시간 속에 새겨진 울음과 기억, 그리고 그로부터 자라나는 생명의 서사를 조용하면서도 뜨겁게 되살려낸다. 시의 첫 연은 강렬한 호흡으로 시작된다. "폭발하듯 터진 울음"이라는 구절은 단순한 슬픔이 아닌, 억눌린 진실과 통곡이 응축되어 터져 나오는 순간을 암시한다. 이어지는 "울음에 매달린 저 높은 함성"은 들리지 않는 소리가 아니라, 우리가 반드시 들어야 할 과거의 외침이다. 시인은 이 울음을 "생명의 양식"이라 부르며, 아픔마저 삶의 일부로 받아들여야 한다는 깊은 성찰을 남긴다.

　2연에서는 역사적 시간 속에 개인적 추억이 스며든다. "울 아버지"라 부르는 이 따뜻하고도 절절한 호명은, 과거의 역사가 먼 것이 아니라 바로 나의 뿌리, 가족, 몸의 기억과 이어져 있다는 인식을 드러낸다. "지게에 매달리던/ 논두렁길"과 "보리피리" 같은 이미지들은 가난과 노동, 생존의 시간을 살아낸 민중의 초상을 담고 있으면서도, 그 안에 담긴 사랑과 품의 결은 매우 서정적이다. "허기진 가슴에 눌러 붙은" 보리피리는 단지 배고픔이 아니라, 말 대신 불던 생의 음악, 침묵 속의 눈물이다. 아버지의 "빈 지게만 남기신" 생애는 절망이 아니라, 다 짊어지고 가버린 어떤 품위 있는 삶의 형상으로 남는다.

 마지막 행, "오월은 다시 온다"는 단순한 반복이 아니다. 그것은 계절의 회귀를 넘어서, 기억의 윤회이며, 진실이 끝내 사라지지 않는다는 선언이다. 시인은 오월을 슬픔의 시간으로만 붙들지 않고, "들판 가득 피어오르는 아지랑이"처럼 언젠가 생명과 희망으로 번질 수 있는 시간으로 환기한다. 그래서 이 시는 상처의 기록이자 동시에 치유의 서곡이다. 아버지의 삶을 통해, 역사적 고통을 통해, 시인은 우리 모두가 다시 들어야 할 함성의 자리로 "오월"을 끌어내며, 그 기억이 꺼지지 않도록 조용히 불을 보탠다. 하여 위 시는 삶과 기억이 한데 어우러진 깊은 울림으로, 함성보다는 울음으로, 비판보다는 기억으로 말하는 귀한 작품이 아닐 수 없다.

기억을 환기하는 작품으로 「가을의 전설」("다달이 드나드는 이발소 길에/ 맞닥뜨리는 이 감나무/ 아스라한 / 내 유년의 바다로 이끈다")도 함께한다. 이때 "감나무"가 제재로 등장한다. "감나무"는 이발소 골목길에서 시인의 유년을 부르는 감각적 매개체로 기능한다. "가을의 전설"은 기억이 어떻게 현실을 이끄는가, 또 시간은 어떻게 한 인간의 내면으로 침투해 들어오는가를 보여주는 짧고 선명한 사례다.

이러한 기억을 등에 업은 시간에 대한 성찰도 함께한다. 「세월을 갈다」("고목이 된 탱자나무/ 가을 한철 티를 내는데/ 시퍼렇게 살아날까/ 더께 낀 마음도 썩 썩 갈면")가 그것인데, 여기서 시인은 "가을", "고목", "탱자나무"를 등장시키면서 한 사람의 마음을 고목에 빗대어 이야기한다. 시인이 갈고자 하는 것은 나무껍질이 아니라, 시간에 "더께 낀 마음"이다. 이 시는 마치 시집 전체의 태도 선언문처럼 읽힌다. 세월을 견디는 것이 아니라, 곱게 갈고 다시 나아가려는 삶의 의지를 담았다.

이렇듯 1부는 전체 시집의 정조를 결정하는 가장 핵심적인 부분이다. 기억, 기다림, 애틋함, 가족, 일상의 감각들, 그리고 서정적인 묵상이 시인의 사유를 통해 고요하게 펼쳐진다. 가장 일상적인 언어로, 가장 오래된 감정을 꺼내 놓는다. 그 감정은 더 이상 격렬하지 않지만, 그만큼 더 깊고 선명하다.

다음으로 2부는 도시(부전시장), 골목(갈맷길), 사람들(이웃, 할배 등), 계절(담쟁이) 등이 등장하며, 시간이 흘러가는 결을 따라 사람과 풍경이 겹쳐지는 장이다. 시인의 '시선'이 사적 기억에서 점차 사회적 기억과 풍경으로 확장되는 흐름이 보인다.

이러한 2부에 소제목을 붙이면 '시간의 파편을 줍는 손길, 골목에서 피어나는 시선'이라고나 할까. 2부는 1부와는 결이 다르다. 보다 현실적이고 서사적이며, 사회적 감각이 짙은 시편들이 배치되어 있다. 시인의 시간은 더 이상 단순히 '과거를 회고'하는 데 그치지 않고, 지금 여기의 삶을 관찰하고 해석하며, 그 안에서 시간의 잔광들을 수집한다. 시장, 골목, 지인들, 가족, 부산의 풍경, 고향의 말씨 등 삶의 구체적인 질감이 진하게 묻어난다. 여기서 시인의 언어는 더 현실에 닿아 있고, 그만큼 더 따뜻하며 구체적이다. 시편들 사이사이로 느리게 흐르는 담담한 시선, 그것이야말로 이 시집이 가진 서정의 뿌리이다.

시인은 그 무엇보다 사람들에 눈길을 준다. 먼저 "부

전시장 네 친구"들이다. 시인은 "강산이 세 번 바뀌는 동안/ 긴장 속에서 지낸 나날/ 훨훨 털고 나온 바깥세상", 그곳에서 만난 "부전시장 네 친구"를 자랑한다. "건어물전 터줏대감"인 "태평양상회 여사장", "고향 진주 이름 딴/ 진주상회" 주인인 "손끝 야물다고 소문난 여사장", "시장 중심가 사거리 모퉁이/ 갈치 오징어 언제나 제철인 한바다수산상회"를 맡고 있는 "할매사장". 그리고 "전라도 남원골 처녀로 경상도 총각과 부부된 사랑꾼/ 전주상회 큰며느리 김 여사가 그들이다. "다리품" 판 "부전시장"에서 "그저 정 나누는 부전시장 친구 있어/ 인생 2막"이 "허전하지 않다"(「부전시장 네 친구」)고 할 만큼 시인에게는 소중한 사람들이다.

지금 여기의 시간 속에서 시인에게 소중한 사람들로 "이웃"들도 빠뜨릴 수 없다. 시인의 "부부를/ 언니 형부 할아버지 할머니로 부"르는 "아파트 통로"를 "같이 쓰는/ 송 여사,/ 양 여사,/ 꼬마 수현이"가 그들이다. "족보 촌수/ 뛰어넘는/ 이웃"인 그들이 있어 시인의 현재적 삶은 충분히 충만해 보인다.

등산길에서 만나는 사람들도 놓칠 수 없다. 먼저 "고양이 대모 윤 할머니"를 만난다. "가파른 등산길"에 "나비야, 나비야, 사랑의 멜로디"를 울리는 그녀다. "발 하나 잃어버려 지팡막대가 몸의 일부"이지만 "버스"를 "두 번"이나 "갈아타고 오는 마음자리"를 지닌 명실상부 "고양이 대모"가 그녀다. 다음으로 "김 할머니"를 만난다. "느닷없는 뇌졸중"으로 "한쪽 팔다리는 감각이 둔하지만/ 등산이 낙이라며/ 붉은 빛깔 입술연지 바르고/ 입꼬리 올리며 웃음 짓는" 그녀다. "얼굴 어디에도 어두운 그림자 한 점 없"는 그녀다. 다음으로 "손 사장"을 만난다. "조선업 활화산일 때/ 꽤나 돈벌이를 한" 그다. "세월의 무게에 순응한다며/ 아들에게 바통 넘기고 자유의 몸이 되었"다는, "구들방 아랫목처럼 따뜻한 사람"인 그다. 다음으로 "노부부"를 만난다. "큰 키에 등이 굽은 할배"와 "제법 멋을 부릴 줄 아는 할매"가 그들이다. "언제나 실과 바늘"인 그들, "눈으로 보약을 먹고/ 등산으로 세월 삭이니/ 하루하루가 봄날 같다는" 그들이다. 다음으로 "서 여사"를 만난다. "건강 제일주의자를 부르짖는" 그녀다. "아침에 일어나면 아령으로 근육을 단련하고/ 조반으로 속이 든든해지면 등산길에 오른다"는, "시니어 모델감"인 그녀다. 다음으로 "손 여사"를 만난다. "등산은/ 맨발이 제격이라는" 그녀다. "자연과 더불어 살겠다는 올곧은 심지로/ 산행 즐기는 환경운동가"가 그녀다. 다음으로 "유 씨"를 만난다. "산불 지킴이"가 그다. "산이 천연 염색으로 물들어 가면/ 감시초소에서 얼굴 삐

끔 내어"미는 그다. "건축 일로 한세월 보낸 손끝"으로 "산속에 예쁘장한 소공원"도 "꾸미고/ 습지 등산로 배수구도 만"들고, "황토배기 산길"에 "비질까지 하"(「산중 칠우 山中七友」)는 그다.

그리고 "땅을 집어먹는 할배"도 만난다. "늘그막에 삶터가 된 골목길"을 누비며 "잡동사니에 시선 모으며/ 땅을 집어먹는 할배"를 만난다. "세월의 무게를 온몸으로 짊어지고/ 만삭이 된 수레 끌고. 비탈길"을 "오르"지만 "세월을 겸손하게 사는"(「세월을 줍는 할배」) 모습을 시인은 발견하기도 하는 것이다.

이렇듯 현재의 인연으로 소중한 많은 사람들 한켠에는 "마흔 해 만에 맞닥뜨린 과거"에 존재하는, "그리움 꾸러미"처럼 존재하는 사람들도 있다. "구덕운동장 귀퉁이를 돌아/ 꽃마을 길 중간 지점/ 슬레이트 지붕 이고 몸 웅크린/ 돼지국밥집"에 깃들이던 사람들이 그들이다. "부모 끈 떨어져/ 이 국밥집에 얹혀사는 성 씨 자매"와 "그 옛날의 주인장"이 그들이다. 지금은 "비단길로 변신한 꽃마을 길"에 "60년 전통이라며 목청 돋우는 돼지국밥집"으로 변해버려 "고릿적 흔적은 세월이 삼켜버"렸고, "그 옛날의 주인장과 성 씨 자매/ 밑도 끝도 없는 소문만 짜"한 상황. 예서 시인은 과거 속 헛헛한 추억 속 사람들을 소환함으로써 "그리움 꾸러미"를 "주머니 속에서 꿈틀거"(「지금에 와서 보니」)려 보는 것이다.

아, 이러한 사람에 대한 귀한 인연은 4부에서도 이어진다. "알고 보니/ 자란 곳이 이웃 마을"이었던 "등산길 오르는 할매, 할배"도 만난다. "잘 지은 자식 농사/ 부러운 눈치들"에 한껏 "뽐내며" 살아온 "할매, 할배", "흰 검불/ 머리에 잔뜩 붙었지만/ 마음은 작열하는 태양"인 "할매, 할배"(「어느새」)도 만난다. 그리고 "신현순 여사"도 만난다. "고향 진주를 떠"나 "성 씨 가문 종부로/ 부산 땅에 둥지"를 튼 후 세상풍파를 겪은 그녀, 늘그막에 "껌딱지가 된 가방 속 염주/ 장학금, 성금 보시 성에 차지 않아/ 절 지어 부처님 말씀 새기"는 그녀, "감사패, 표창장이 다 무어냐"며 "인연법 따라 살아가"(「신현순 여사」)는 그녀도 만난다.

이렇게 시간이 흘러가는 결을 따라 사람에 대한 이야기를 건너다 보면, 풍경이 겹쳐지는 장이 의미 있게 놓인다. 「담쟁이 나이테」 연작에서 이를 확인할 수 있다.

먼저 「담쟁이 나이테 1」은 삶의 이치를 말하면서도 늙음과 성숙, 순응과 기다림을 담쟁이라는 식물을 통해 감각적으로 풀어낸다. 시인의 인생관이 은근하고 우직하게 드러나는 작품이다. "오르다 막히면 에움길로 가는 슬기로움", 이 첫 구절이 곧 이 시의 핵심 메시지다. 담쟁이는 언제나 수직의 벽을 오르려는 식물이지만, 그 도전은 무모하지 않다. '막히면 돌아가는 지혜'를 품고 있기 때문이다.

> 오르다 막히면 에움길로 가는 슬기로움
> 넌지시 일깨워 준다
>
> 눈으로 통하는 한 가닥 연줄 있기에
> 또
> 가늘게 오는 비 기다린다
>
> — 「담쟁이 나이테 1」 부분

위 시는 삶의 길목에서 마주치는 막힘과 그에 대한 대응을 담담하게 보여준다. 첫 구절의 "오르다 막히면 에움길로 가는 슬기로움"은 마치 한 생애의 이력처럼 다가온다. 삶이 언제나 직진만 가능한 것이 아님을 인정하고, 돌아갈 줄 아는 유연함, 그것을 시인은 '슬기로움'이라 부른다. 담쟁이라는 식물의 생태적 습성을 은유 삼아, 시는 단단한 생의 철학을 아주 부드럽게 일러준다.

이어지는 "눈으로 통하는 한 가닥 연줄"은 말이 아닌 감각, 시선만으로도 연결되는 존재 간의 교감을 떠올리게 한다. 담쟁이의 덩굴손처럼, 아주 미세하지만 결코 끊어지지 않는 연대의 끈이 그려진다. 그런 연결이 있기에, 시인은 "가늘게 오는 비"를 다시 기다릴 수 있다. 이 "비"는 단순한 자연현상이 아니라, 관계의 회복이자 감정의 여운이며, 다시 이어지는 삶의 윤기처럼 느껴진다.

이 시편은 침묵과 비움의 미학을 따르면서도, 그 사이에 감정의 세밀한 떨림을 심어 놓는다. 담쟁이라는 식물이 가진 끈질긴 생명력과 유연한 적응력은, 결국 우리 삶의 자세를 비추는 거울로 기능한다. 시인은 결코 웅변하지 않지만, 그 조용한 음성은 독자 마음속에 길게 남는다.

다음으로 「담쟁이 나이테 3」은 '가을볕이 떠나간 후의 담쟁이'에 주목한다. 이는 이미 생의 전성기를 넘긴 노년의 은유로 읽힌다. 한 폭의 벽화가 되는 담쟁이 잎사귀, 그 아름다움은 절정이 아닌 소멸의 과정 속에서 완성된다. 이는 시인의 태도와도 맞닿는다. 생의 저편에 다다랐을 때, 우리는 비로소 기억과 존재의 진실한 얼굴을 만나는 것이다.

    가을볕 떠나가면
    계절의 빛깔을 고스란히 묻고

한 폭의 벽화로 숨 이어가야 한다
- 「담쟁이 나이테 3」 부분

위 시는 계절의 흐름을 따라 자연이 감당하는 숙명을 시적으로 풀어낸 작품이다. "가을볕 떠나가면"이라는 시간의 전환은, 끝이 아니라 이어지는 존재의 다른 방식, 곧 변화와 수용을 암시한다. 담쟁이는 빛이 사라진 뒤에도 "계절의 빛깔"을 자신 안에 "고스란히 묻"는다. 이 표현은 기억과 흔적의 아름다움, 그리고 사라지는 것을 품는 품위에 대한 찬사로 읽힌다.

"한 폭의 벽화로 숨 이어가야 한다"는 마지막 행은 특히 인상적이다. 단풍으로 타오르듯 붉어진 담쟁이가 더 이상 자라지 못하는 순간, 그 삶은 멈춘 것이 아니라 새로운 모습으로 "숨"을 이어가기 때문이다. 여기서 "숨"은 생물학적 호흡이 아니라, 존재의 의미와 미학적 지속성에 가깝다. 담쟁이는 살아서만이 아니라, 사라지면서도 세계에 흔적을 남긴다.

이 시는 퇴장의 순간조차 찬란하게 만드는 생의 자세를 담담하게 그려낸다. 시인은 사라짐을 마주하면서도 거기에 담긴 가치와 의미를 조용히 조명한다. 담쟁이의 나이테처럼 삶은 겹겹이 쌓이며, 그 모든 층위가 결국 하나의 '벽화'로 완성된다. 이 시는 그 겹을 응시하는 눈으로, 소멸을 넘어선 존재의 지속을 이야기한다.

이렇듯 「담쟁이 나이테 1」과 「담쟁이 나이테 3」은 모두 담쟁이라는 식물을 통해 삶의 길과 퇴장을 성찰한다. 전자는 삶의 막힘 앞에서 돌아서는 지혜를, 후자는 사라짐을 품는 품위를 말한다. 하지만 둘 다 끝이 아니라 '이어짐'에 주목한다는 점에서 한 맥락으로 흐른다. 담쟁이의 덩굴처럼 유연하면서도 끈질기게 이어지는 삶의 방식, 그것은 우리의 존재가 얼마나 조용하고도 단단한 방식으로 세계에 흔적을 남기는지를 일러준다. 이 두 시는 자연을 매개로, 우리가 어떻게 살아야 하고, 어떻게 물러나야 하는지를 조용히 속삭이는 듯하다.

  2부는 1부보다 사회적 맥락과 현실감이 진하게 배어 있는 시편들로 구성되어 있다. 시인은 시를 통해 단순한 회고가 아닌 관찰자의 시선으로 나아간다. 특히 시인이 과거와 현재에 걸쳐 만난 사람들과의 인연에서 두드러졌다. 그리고 담쟁이 시리즈는 삶의 철학을 식물에 이입시켜, 시간의 무늬가 새겨지는 방식을 보여준다. 2부는 특히 '세월'이라는 주제를 사유의 깊이로 끌어올려, 고요한 울림으로 정제된 시적 언어로 전달하고 있어 유난히 눈길이 오래 머무르는 것이리라.
  다음으로 3부에 이르러 시인의 시선은 더욱 지리적이며 역사적으로 시화된다. 소제목을 달면 '땅에 새겨진 기억, 전설이 된 삶의 자리들'이라고나 할까. 이곳에서 시간은 기억과 장소를 매개로 하여, 이야기로 응고된다. 전설과 현실이 교차하고, 지명이 시간의 무늬로 변주된다. 동래, 영도, 사직동, 몰운대, 제주, 한라산….

 그러나 이 시편들에 반복적으로 등장하는 공간들은 단지 배경이 아니라는 사실에 주목할 필요가 있다. 그들은 시인에게 있어 삶의 증인이고, 이야기를 저장하고 있는 생생한 혈관이기 때문이다. 이렇듯 3부의 시는 '개인의 서사'와 '집단의 기억'이 교차하는 지점에서, '공간'을 통해 '시간'을 되살리고자 한다.

 먼저 시인은 그가 깃들어 살고 있는 지역의 전설로 시적 서사를 풀어낸다. 「덕석바위 전설」이 그것인데, 전형적인 전설 서사 구조를 따르며, '소년 장수'의 전설을 통해 과거의 용맹과 숭고함을 기린다. 그러나 시인의 의도는 단순히 옛 이야기를 되새기는 데 있지 않다. "전설은 제자리걸음이다"라는 결말부는 현재의 시간 속에서 전설이 '살아 움직이지 못함'을 슬프게 드러낸다. 기억되지 않는 전설, 존중받지 못한 희생, 시간에 묻힌 얼굴들…. 이 모든 것이 담긴, 기억의 애가哀歌.

  동래 사직동, 야트막한 쇠미산에는 애틋
  한 전설이 있다 천둥 벼락 성화 부리고 비

는 들이퍼붓는데 덕석바위 아래 굴속 우렁찬 아기 울음 들리니 백마가 한달음에 달려와 우는 아기 돌본다 어느덧 겨드랑이에 날개 돋으니 백마 타고 천지 주름잡는 소년 장수, 동래성 침공한 왜군 무찔러 그 용맹 우뚝 섰다 무예 갈고 닦던 덕석바위, 발도장 찍어 놓고 홀연히 떠나버린, 한 뼘 삶도 살지 못한 소년 장수, 그 영혼 고즈넉이 지키는 돌탑에 두 손 모으고 눈 감는다 소나무 웃자라 키 껑충한데 전설은 제자리걸음이다

- 「덕석바위 전설」 전문

위 시는 전설과 기억, 그리고 그 안에 스민 시간의 슬픔이 깃든 작품이다. 「덕석바위 전설」은 동래 사직동의 야트막한 산자락, 쇠미산에 전해 내려오는 "소년 장수"의 전설을 시적으로 복원한 작품이다. 시인은 단순한 설화의 나열이 아니라, 서사적 장면 하나하나에 생생한 감각과 정서를 불어넣는다. "천둥"과 "벼락", 퍼붓는 "비", 그 안에서 들려오는 "우렁찬 아기 울음"과 "한달음에 달려"온 백마, 이 모든 장면은 마치 꿈결처럼 펼쳐지면서도 신화적 긴장감을 잃지 않는다. 이 신비롭고도 애틋한 출생 서사는, 세상에 태어나자마

자 사명을 안고 달려 나가야 했던 존재의 운명을 암시한다.

소년은 겨드랑이에 날개가 돋아 백마를 타고 천지를 달리고, 왜군을 물리치며 장수로 이름을 떨친다. 하지만 그 무용의 절정은 곧 안타까운 퇴장을 예고한다. "한 뼘 삶도 살지 못한" 이 소년은 무예를 갈고닦던 "덕석바위"에 자신의 흔적만 남긴 채 홀연히 사라진다. 시인은 이 짧은 삶을 단지 비극적 운명으로 그리지 않고, 오히려 그 존재의 깊은 울림과 흔적을 "고즈넉이 지키는 돌탑"과 "두 손 모으고 눈 감는" 현재의 시선으로 연결한다. 죽음을 기억하는 행위가 살아 있는 자의 고요한 예배처럼 그려진다.

마지막 행, "소나무 웃자라 키 껑충한데/ 전설은 제자리걸음이다"는 이 시의 가장 울림 있는 진술이다. 시간이 흘러 자연은 변하지만, 전설은 "제자리"에 머문다. 그것은 발전 없는 퇴행이 아니라, 세대를 지나도 지워지지 않는 기억의 장소, 공동체의 마음속에 살아 숨 쉬는 어떤 '자리'를 뜻한다. "덕석바위"는 단지 하나의 전설이 아니라, 사라진 이의 혼이 머무는 공간이며, 그 자리를 찾고 기억하는 사람의 마음이 곧 시인의 시선이다. 이 작품은 신화적 이야기 안에 고요한 애도를 담아, 전설을 품은 삶의 자리로 독자를 이끄는 것이다.

　이러한 지역 또는 장소에 깃든 삶의 서사는 위 덕석 바위에 얽힌 전설뿐만 아니라 "개가" 주인 "목숨"을 "구해 준 고개라 하여/ 개좌고개로" 부른 개좌고개 충견 이야기(「개좌고개 충견」), "신라시대 동래 고을" "절름발이 노파"와 "다리 절룩거"리는 학이 발을 담가 말끔히 나았다는 동래 온천에 얽힌 이야기(「동래 온천」), "동래 정씨 시조 이방 정문도 무덤인 정묘/ 이 앞을 지나치려면 말에서 내려 걸어"가야 했던 화지산 정묘鄭墓에 얽힌 이야기(「화지산 정묘鄭墓」), "해발 149m 금용산" "운동의 성지 사직벌"에 얽힌 이야기(「사직벌 이바구」), "신라의 지관 성지"가 "경상도에서 가장 몸매 좋은 골짜기라고/ 자기 이름"을 "붙인 성지곡", "우리나라/ 맨 처음 중력식 콘크리트 댐 수원지" 성지곡수원지에 얽힌 이야기(「성지곡수원지는」), "부산 금정산 고당봉 동쪽 기슭"에 "우뚝 솟은 바위 정수리"에 "금빛 물고기 노는 바위샘"에 얽힌 이야기(「금샘」), "먼 옛날/ 금슬 좋은 부부"의 "애틋한 사랑 이야기"로, "바위와 소나무"가 "망부석과 망부송이" 되어 전하는 청사포에 얽힌 이야기(「청사포」), "임진왜란 당시/ 충장공 정운"이 "오백여 척 왜선에 맞서 싸우다/ 몰운대 앞 바다에 목숨 버"린 사연을 품은 몰운대 이야기(「몰운대 다시 찾다」), "아주 옛날/ 하늘과 땅을 가른 뒤 만든 섬 제주", 그곳에 "삼신할미가 점지한 한라산"에 얽힌 이야기(「한라산」)들로 이어가고 있다. 이러한 시들은 전설 또는 설화라는 시간의 무늬 속에, 기억과 애도의 감정을 섬세하게 수놓은 작품들에 다름 아니다.

  3부는 이렇듯 시인의 시선이 개인의 기억에서 지역과 공동체의 역사로 넓혀진 시편들이다. 장소와 전설, 이름과 사건이 얽힌 시간을 통해 시인은 '삶의 자취가 서려 있는 풍경'들을 복원하고자 한다. '덕석바위'를 비롯한 장소 관련 시들은 우리의 눈에 익은 지명과 풍경을, 시간의 결로 다시 읽게 만드는 힘을 지녔다.
  이 3부는 시집에서 가장 서사적이고 집단 기억에 가까운 정서를 품은 장으로, 한 개인의 인생만이 아니라 '공동체의 세월'까지 끌어안고 있는 깊은 품을 보여주고 있다. 여기서 우리는 시인의 더욱 깊어진 시선을 확인할 수 있는 것이다.

  다음으로 4부에 담긴 시편들은 말보다 앞서는 손길, 이해보다 앞서는 사랑의 몸짓을 떠올리게 한다. 4부의 소제목을 달면 '몸으로 빚은 말, 사투리처럼 서툴지만 진한'이라고나 할까. 여기서 시인은 존재의 뿌리를 찾듯, 삶의 말단에 깃든 언어와 감정을 복원하고자 한다. 각 작품들이 표면적으로는 사적인 이야기 같지만, 그 안에 세대의 짐, 생존의 결, 존재의 고투가 묻어난다.

4부의 언어는 더듬거리며, 어눌하게, 때로는 과묵하게 움직인다. 그러나 바로 그 불완전함과 서투름이 삶의 진정성을 끌어올린다. 시인은 말보다 땀, 사유보다 몸, 선언보다 체온을 먼저 믿는다. 그래서 시들은 더욱 가깝고, 친숙하며, 오래도록 마음에 남는다.

먼저 「경상도 사투리 1」을 보자. 이 시는 사투리를 단순히 방언의 형태가 아닌, 사랑의 방식이자 생존의 전략으로 풀어낸다. "하모! 하모!" 짧은 이 말에는 온 생의 정직함과 단단함이 담겨 있다. 아버지의 짧은 말, 어머니의 장바구니, 장날, 제삿날, 씨염···. 모든 요소들이 고단한 삶을 견디게 해 준 무언의 문법으로 작동한다.

이 시는 지역적 어휘와 사투리를 빌려 한 가정의 역사이자 한 세대의 정체성을 시로 끌어올리는 데 성공했다. 어눌하지만 강인한 그 언어는 더없이 따뜻하고, 더없이 치열한 서정으로 전개되고 있어 흥미롭게 읽힌다.

1.

우리 아부지
산청 본토박이
평균 수명 겨우 넘기고
하늘나라로 여행 떠났다

봄이면
송구 산나물로 허기 달래며
바다 괴기 맛보려고
제삿날 손꼽는다

씨염 꺼뭇꺼뭇할 즈음
강 건너 산 넘어 사는
황 씨 가문 맏딸 짝으로 만나
억척스럽게 살았다

2.

시골 장날,
바다 괴기 맛보는 날

장바구니 든 옴마

이녁!
오늘 장에 댕기 오것소

아부지 입속에 쟁여 둔 말

하모! 하모!

- 「경상도 사투리 1」 전문

위 시는 말투 너머의 사랑과 그리움, 삶의 애환이 정겹게 담긴 작품이다. 그리고 시인의 아버지와 어머니, 그리고 그들을 둘러싼 고향의 말씨와 풍경이 엷은 애수 속에 그려지는 작품이다. 1연은 "우리 아부지"로 시작한다. 그 한 마디에 이미 사랑과 애틋함이 배어 있다. 아버지는 산청의 본토박이로, "평균 수명 겨우 넘기고" 조용히 세상을 떠났다. 짧은 행 속에 인생의 무게가 가라앉아 있어 숙연해지기까지 한다. 봄이면 산나물로 허기를 달래고, 제삿날을 손꼽아 기다리던 삶. 고단했지만 자연과 제의 속에서 하루하루를 이어가던 시골 사람의 모습이 정겹게 다가온다. "씨염 꺼뭇꺼뭇할 즈음"의 시제도 참 정겹고 슬그머니 웃음 나게 한다. 인생의 한 국면을 이렇게 토박이말로 풀어내니, 삶이 멀리 있지 않음을 새삼 느끼게 된다.

2연은 더욱 생활 가까이로 다가선다. "시골 장날"이라는 구체적인 풍경 속에서 "장바구니 든 옴마"와 "아부지 입속에 쟁여 둔 말"이 등장한다. 오가는 말은 짧지만, 그 속에 정과 연륜이 스민다. "이녁! 오늘 장에 댕기 오것소"라는 어머니의 말에 아버지는 짤막하게 대꾸한다. "하모! 하모!", 이 짧은 응답은 경상도 사투리 특유의 억양을 머금고, 묵직하고 다정하게 들려온다. 말이 많지 않았던 세대, 눈빛과 억양으로 다 전하던 그 시절 부모님의 대화가 정겹고 애틋하다. 그들이 나눈 대화는 단순한 일상 언어가 아니라, 평생을 함께 살아낸 사람들 사이에서만 가능한 '살아 있는 시'인 것이다.

위 시는 지역 사투리를 통해 삶의 언어를 복원하는 동시에, 부모 세대의 사랑과 고단했던 생을 시로 끌어올린다. 경상도 말은 투박하지만 정겹고, 짧지만 깊다. 시인은 그 사투리를 통해 단지 말을 기록하는 것이 아니라, 한 세대의 정서를 기록한다. 삶의 맛, 말의 결, 사랑의 방식이 시 속에서 되살아난다. 그래서 이 시는 '사투리'에 대한 시가 아니라, '삶과 사랑의 언어'에 대한 시라 할 만하다. 시를 읽는 독자도 자신도 모르게 "하모, 하모"라 대꾸하며, 그 말속에 깃든 온기를 함께 느끼게 될 것이다.

다음으로 자전적인 고백의 형식을 띠면서도, 보편적 생의 고비들을 품고 있는 작품, 「덫에 걸린 적 있다」를 보자. 시인은 이 시를 통해 자신의 삶을 되돌아보며,

노년의 고백처럼 조심스레 털어놓는다. 키다리 몸매, 젊은 시절의 으스댐, 소나무처럼 곧게 살고 싶었던 의지, 하지만 결국 "막장 안에서 허우적거리는 오늘"과 마주한 고백.

이 시는 단순한 후회나 자조가 아니다. 삶의 비루함을 인정하면서도, "하늘의 깊은 눈매"를 향한 시인의 시선은 여전히 내면의 고결함을 향한다. 넘어졌지만, 끝까지 정직하려 했던 한 인생의 이야기. 이 시는 시인의 자서전 같고, 한 인간의 묵직한 뒷모습 같다.

물려받은 혈통으로
평생을 젊게 살 줄 알았다
키다리 몸매 으스대며

칼바람 앞에서
죽지 부러져도
먹구름 뒤에 숨바꼭질하는
소나무

거짓과 위선 섬뜩하다
체질이 아니라고 알몸 고집한다
하늘의 깊은 눈매에 이끌려
길 비켜 가지만
타고난 느린 걸음은

생사의 갈림길에서 넘어지고 마는
민달팽이

드문드문 돋아난 새치
눈 밑에 자욱한 먹구름
유전으로 탕치기는 어설픈 잣대
고개턱에 걸린 저녁노을 만큼
추락한 나이

한 번쯤
모난 이치 포기하고 싶어
비루한 객기 부려보지만
막장 안에서 허우적거리는
오늘이 나를 만나자 한다

- 「덫에 걸린 적 있다」 전문

 위 시는 인생의 한 굽이에서, 자기 자신을 적나라하게 돌아보는 내면의 독백처럼 다가온다. 시는 젊음과 자부심으로 시작한다. "물려받은 혈통으로/ 평생을 젊게 살 줄 알았다"고 말하며, "키다리 몸매"를 "으스대"던 과거의 자신을 회상한다. 하지만 곧 맞닥뜨린 현실은 "칼바람 앞"에서 "죽지 부러져도" 꿋꿋이 버티는 소나무의 모습으로 전환된다. 시인은 여전히 꿋꿋하려 하지만, 이상과 현실 사이에는 숨바꼭질처럼 교차하는 먹구름이 존재한다. 젊음과 자존감은 더 이상 방패가 아니며, 시인은 그 무너짐을 담담히 응시한다.

이 시에서 가장 인상 깊은 대목은 "민달팽이"로 자신을 빗댄 부분이다. "체질이 아니라고 알몸 고집한다"는 진술에는 거짓과 위선을 거부한 삶의 고집이 묻어 있기 때문이다. 그러나 그것은 동시에 생사의 갈림길에서 넘어진 "느린 걸음"이기도 하다. 민달팽이는 외피 하나 없이 살아가는 존재다. 시인은 껍질 없이 세상을 버티며 나아온 자신의 삶을, 외롭고 서글프게 바라본다. 젊음은 스러졌고, 드문드문 돋는 새치와 눈 밑 먹구름은 세월의 덫이다. 그래서 "고개턱에 걸린 저녁노을"은 황혼의 빛이 아니라, 추락한 나이의 상징으로 다가오는 것이리라.

마지막 연은 무너짐 속에서의 의연함, 혹은 그 안간힘을 포착한다. "한 번쯤/ 모난 이치 포기하고 싶어/ 비루한 객기 부려보지만"이라는 고백은 그 어떤 문장보다 인간적이다. 그러나 시인은 현실이라는 "막장" 안에서 자신과 다시 마주선다. 허우적거리면서도 여전히 살아 있으려는 그 몸짓은 절망이 아니라 '버팀'이 아닌가. 그래서 시인은 위로를 주거나 희망을 말하지 않는다. 대신 그 어떤 위로보다 더 깊은 공감을 끌어낸다. 살아 있다는 것, 그것만으로도 이미 수많은 덫을 통과해 왔음을, 시인은 조용히 말해 주고 있는 것이다.

이렇듯 4부는 시집의 마지막 장에 어울리게, 가장 개인적이며, 가장 내밀한 시간을 들여다본다. 이곳의 시들은 꾸미지 않는다. 오히려 말이 모자라면 침묵하고, 형식보다 체온을 선택한다. 사투리라는 언어, "덫에 걸린 적 있다"는 고백은 모두 시간 앞에서 겸허한 한 사람의 자세를 보여준다.

이러한 4부는 결국, '사는 일' 자체가 시가 되고, 그 시가 다시 삶을 부드럽게 안아주는 구조로 짜여 있다. 시집의 전체 구성이 순한 언어로 서서히 깊어지는 방식이라면, 4부는 그 정점이자, 가장 낮은 자리에서의 울림이 아닌가 한다.

3.

인생의 순간들, 연결된 시간 속 이야기. 끝내 고요하게 불러보는, 한 사람의 시간. 시집 『서툰 연서는 댓글이 달리지 않고』는 끝내 조용한 말 한마디에 다다른다. 어떤 말은 곧장 반응을 얻지만, 어떤 말은 댓글이 달리지 않는다. 그렇다고 해서 그것이 허공에 사라지는 말이 아니라, 오랜 시간이 지나야 이해되는 진심의 언어이기 때문이다.

 이 시집의 시들은 빠르게 소비되고 반응하는 세상의 방식과는 다르다. 사람과 시간, 땅과 기억을 오래 바라보고, 때로는 망설이고, 때로는 돌아가며 쓰인 시들이다. 시인은 이 시집을 통해 자신의 생을 하나하나 되짚어 묶고 있다. 가난했던 시절, 부모의 얼굴, 고향의 바람, 사라진 골목, 그리고 지금의 자신. 그 기억의 매듭들은 모두 시간이라는 실로 엮이고 있다. 그리고 그 실의 끝에, 시인은 지금 여기에서의 존재로 서 있다.

 이 시집은 그렇게 혼잣말처럼 적은 연서이자, 댓글을 바라지 않는 고백, 그리고 서툰 삶의 기록이 아름다운 시로 번역된 한 권의 시간집이다. 그래서 이 시집을 읽노라면 우리는 이 시편들을 통해 '그 시절 그 사람'을 떠올리며 우리 자신의 뿌리와 마주하게 된다. 그 뿌리는 다소 거칠고, 낡았고, 상처가 많지만 결국 견디고 살아낸 존재의 흔적이다. 그리고 그 흔적은 시인이 담담히 읊조린 시간의 말 속에서 더없이 따뜻한 시로 피어난다.

 시를 통해 삶을 바라보는 일, 삶을 통해 시를 곱씹는 일. 그 둘이 겹쳐지는 곳에 『서툰 연서는 댓글이 달리지 않고』는 조용히 놓여 있다. 그렇기에 이 시집은 빠르게 훑는 것이 아니라, 느릿느릿, 오래오래 읽혀야 할 시집이다. 그 시절의 마음을 간직한 채, 오늘도 누군가에게 서툴지만 진심인 연서를 건네고 있는 한 시인의 얼굴을 떠올리며.

 아울러, 다음 시집의 첫 장을 궁금해 한다. 시간에 내내 마음을 쏟았던 시인의 또 다른 마음자리를 궁금해 한다. 다섯 번째 시집의 제목도, 함께, 궁금해 한다. 인생의 순간들, 연결된 시간 속 이야기를 또 기대하며.

빛남시선 : 162
서툰 연서는 댓글이 달리지 않고

초판인쇄 | 2025년 6월 7일
초판발행 | 2025년 6월 10일
지 은 이 | 고석근
펴 낸 곳 | 빛남출판사
등록번호 | 제 2013-000008호
주　　소 | (49370)부산시 사하구 감천로21번길 54-6
　　　　　 T.(051)441-7114　F.(051)244-7115
　　　　　 E-mail:wmhyun@hanmail.net

ISBN 979-11-94030-10-2 03810

₩ 10,000